일 빵 빵
속성문법 기초편 2

NEW 일빵빵 + 속성문법 기초편2

초판 제1쇄   2024년 3월 13일

저자	서장혁
펴낸이	서장혁
편집	토마토출판사 편집부
표지디자인	이새봄
본문디자인	이새봄
주소	서울 마포구 양화로 161 727호
TEL	1544-5383
홈페이지	www.tomato4u.com
E-mail	support@tomato4u.com
등록	2012.1.11.
ISBN	979-11-92603-54-4 14740

일 빵 빵

속성
문법

기초편 2

구성
construction

---

1. 오랜 시간 잘못 잡혀진 틀을 깨는 문법 강의

영어 회화나 시험영어가 필요할 때 딱히 거기에 맞는 적절한 영어 문법을 배울 기회가 없었거나, 배워도 수많은 예외 법칙으로 인해 그동안 문법공부를 멀리 할 수밖에 없었던 학습자들을 위해, 외우지 않고 쉽게 이해해서 실제 영어에 사용할 수 있도록 제대로 된 시각을 갖도록 훈련 시켜 드립니다.

---

2. 혼동되는 다양한 용어와 각 문법 주요 POINT 정리

'기초편'에서 제공되는 용어들은 우리가 문법을 공부할 때 꼭 필요한 표현들입니다. 그동안 문법 용어 자체가 어려워 중도에 포기했던 분들을 위한 알기 쉬운 용어 정리와 함께 각 문법의 POINT를 꼼꼼하게 비교 정리해 드립니다.

3. 문법 다지기 연습

매 강의마다 각 문법에 해당되는 '문법 다지기 연습' 부분이 제공됩니다. 영어가 모국어가 아닌 한국인들에게 영어 문법을 바로바로 내 것으로 만드는 것은 대단한 인내가 필요합니다. 하지만 한번 배운 문법이라도, 늘 함정에 빠지기 쉬운 부분까지 직접 연습 문제로 실력을 다지게 함으로써 문법에 대한 이해력과 실제 응용력은 바로 바로 늘어날 수 있습니다.

4. PASSPORT (허가증)

일빵빵만의 상징인 PASSPORT 부분이 부활되었습니다. 그동안 '입에 달고 사는 기초영어'에서만 스스로 평가해보거나, 지인들과의 스타디모임에서 즐겨 활용했었던 부분이 '속성 문법 PASSPORT'까지 새롭게 확장되었습니다. 다시 한번 기초편 1권에서 배운 내용을 토대로 총 100개의 문제를 통해 나의 문법 실력을 테스트해보시고 지인들과 비교해 보시기 바랍니다.

이런 분들이
공부하시면 좋아요

기초편 2

기초편1에 이어
영어 단문을 완벽히 정리하고자 하는
초/중/고/성인 분들

첨가되는 문장 구성(형용사, 부사, 전치사)까지
제대로 정리할 분들

단기간에 **토익 점수 650점**을
목표로 하시는 분들

각종 시험 합격을 위해
영어 점수를 단기간에 올려야 하는 분들

기초편1에 이어 영어 문장에 대해 아직은
자신이 없는 분들

이렇게
공부하세요

저희 문법 강의를

공부할 수 있는 방법은 많습니다.

1. 유튜브로 공부할 경우
유튜브에서 '일빵빵'을 검색하시고 본 강의를 마음껏 공부하세요.

2. 어플로 공부할 경우
각종 스마트폰에서 기종에 관계없이 앱스토어나 스토어마켓에서
'렛츠일빵빵' 검색 후 해당 어플을 다운받으시면 본 강의부터 문법
다지기 연습 문제 해설 강의까지 편하게 공부하실 수 있습니다.

3. 교재로만 공부할 경우
깨알같이 정리되어 있는 **'기초편 단어, 해설집'**을 이용해서 본 교재
순서대로 혼자 공부 하실 수도 있습니다. (먼저 강의는 한번 듣고
스스로 학습하시길 권합니다.)

자, 그러면 오랜만에 다 같이
다시 한번 공부를 시작해 볼까요?

일 빵 빵
속성
문법 기초편 2

NEW 일빵빵 속성 문법은

완전 기초부터 최고 수준의 문법까지 수십 개의 강의가
계속 진행됩니다.

영어 회화가 필요하신 분,
시험 영어가 필요하신 분,
기본 영어 개념이 필요하신 분까지

수강 중 언제라도 각자 본인에게 맞는 적정한 어느 진도
까지만 하시면 충분합니다.

이제 여러분의 마지막 영어 문법의 기회입니다.
건투를 빕니다.

2024년 겨울
저자 서 장혁 올림

기본 용어 정리

8품사	공통된 성질이 있는 단어의 종류	진도 과정
명사	우리 주변의 모든 사물의 이름	기초편
대명사	명사를 대신 나타내는 말	기초편
동사	주어의 행위를 나타내는 말	기초편
형용사	명사, 대명사를 꾸며주는 말	기초편
부사	동사, 형용사, 부사, 문장을 꾸며주는 말	기초편2
전치사	명사 앞에서 장소, 시간, 방법등을 나타내거나 단어와 단어를 연결해주는 말	기초편2
접속사	문장과 문장, 단어와 단어, 구와 구를 연결해주는 말	-
감탄사	문장의 의미를 풍부하게 해주기 위해 감탄하는 말	기초편2

문장성분	영어 문장을 이루는 주요 요소	진도 과정
주어	문장의 주체이면서 동작의 주체 역할	기초편1-2
서술어	주어의 동작이나 상태를 나타내는 역할	기초편1-2
목적어	동작의 대상이 되는 역할	기초편1-2
보어	주어나 목적어를 보충 설명해주는 역할	기초편1-2
수식어	다른 문장 성분을 꾸며주는 역할	기초편1-2

21강. [주어자리에는 무엇이 올까?]

주어[비인칭주어(It)] + 서술어[be동사]

• 용어정리 •

비인칭주어 주어 자리에서 뜻이 없는 주어 역할을 하는 주어로서 'It'을 쓴다.

POINT 1. 영어 문장에서 '주어'는 절대 생략할 수 없다.
2. 주어가 해석되지 않는 문장을 표현할 때는 '비인칭 주어 It'을 사용해서 문장을 완성해 준다.
3. '비인칭주어 It'은 '인칭대명사'나 '지시대명사'가 아니다.
4. '비인칭주어 It'은 주로 '요일, 날짜, 계절, 날씨, 시간, 거리, 명암'을 나타내는 문장에서 의미 없는 주어로 사용된다.

---

1. '요일'을 나타내는 문장

| 주의 | '요일'은 앞에 항상 대문자로 시작한다.

It is Friday. 금요일이다.

It is Monday again. 또 다시 월요일이다.

It's Wednesday. 수요일이다.

It's Saturday. 토요일이다.

It's weekend. 주말이다.

비인칭 주어

해당 강의 시청 ▸▸▸

<요일>

| 주의 | '요일'을 표기할 때는 항상 앞에 알파벳을 대문자로 표현하며, 앞의 세 글자만 써서 간결하게 축약표현을 쓰기도 한다.

요일	표현	축약표현
월	Monday	Mon.
화	Tuesday	Tue.
수	Wednesday	Wed.
목	Thursday	Thu.
금	Friday	Fri.
토	Saturday	Sat.
일	Sunday	Sun.
평일	weekday	–
주말	weekend	–

2. '날짜'를 나타내는 문장

| 주의 | '날짜'는 '몇 월의 몇 번째 날'이라는 표현으로 순서를 나타내는 '서수'표현으로 발음 해준다.

It is January 1. 1월 1일이다.

It is January 1st. 1월 1일이다.

It is January first. 발음: 1월 1일이다.

It's the first of January. 발음: 1월 1일이다.

It is July 8. 7월 8일이다.

It is July 8th. 7월 8일이다.

It's July eighth. 발음: 7월 8일이다.

It's the 8th of July. 발음: 7월 8일이다.

<기수/서수 표현법>

| 주의 | '날짜'를 표기할 때는 반드시 서수로 표현하며, '몇 월의 몇 번째 날'이라고 표현한다.

기수(숫자)	서수(순서)	기수(숫자)	서수(순서)
1 one	1st/first 첫번째	7 seven	7th/seventh 일곱번째
2 two	2nd/second 두번째	8 eight	8th/eighth 여덟번째
3 three	3rd/third 세번째	9 nine	9th/ninth 아홉번째

4 four	4th/fourth 네번째	10 ten	10th/tenth 열번째
5 five	5th/fifth 다섯번째	11 eleven	11th/eleventh 열한번째
6 six	6th/sixth 여섯번째	12 twelve	12th/twelfth 열두번째

<월>

ㅣ주의ㅣ '월'을 표기할 때는 항상 앞에 알파벳을 대문자로 표현하며, 앞의 세 글자만 써서 간결하게 축약표현을 쓰기도 한다.

월	표현	축약표현
1월	January	Jan.
2월	February	Feb.
3월	March	Mar.
4월	April	Apr.
5월	May	May.
6월	June	Jun.
7월	July	Jul.

8월	August	Aug.
9월	September	Sep./Sept.
10월	October	Oct.
11월	November	Nov.
12월	December	Dec.

3. '계절'이나 '날씨'를 나타내는 문장.

It is spring. 봄이다.

It is summer. 여름이다.

It is autumn. 가을이다.

It is winter. 겨울이다.

It's sunny. 화창하다.

It's cloudy. 흐리다.

It's chilly. 쌀쌀하다.

It's windy. 바람이 많이 분다.

It's freezing. 굉장히 춥다.

It's raining a lot. 비가 많이 온다.

It's snowing heavily. 눈이 많이 온다.

4. '시간'을 나타내는 문장

| 주의 | '시간'를 표기할 때는 '분 + past + 시각'은 '~지나서'라는 의미이고, '분 + to + 시각'은 '~전'이라고 해석한다. *15분은 1/4인 'quarter', 30분은 1/2인 'half'라고 표현함도 유의.

It is two. 2시다.

It is two o'clock. 정각 2시다.

It is two p.m. 오후 2시다.

It is two a.m. 오전 2시다.

It's two six. 2시 6분이다.

It's six past two. 2시 6분이다.

It's six to two. 2시 6분 전이다.

5. '거리'를 나타내는 문장

It is two kilometers from here.

여기서 2킬로미터 떨어져있다.

It is three miles to the beach.

해변까지 3마일이다.

6. '명암'을 나타내는 문장

It is bright here. 여기는 밝다.

It is dark in the classroom. 교실은 어둡다.

다음 문장에 맞게 영어로 적으시오.

401 금요일이다.

_____

402 주말이다.

_____

403 1월 1일이다.

_____

404 7월 8일이다.

_____

405 여름이다.

_____

406 쌀쌀하다.

_____

407 굉장히 춥다.

_____

408 눈이 많이 온다.

_____

409 여기서 2킬로미터 떨어져 있다.

_____

410 여기는 밝다.

_____

다음 시간을 나타내는 문장에 맞게 영어로 적으시오.

411 오후 2시이다.

_____

412 오전 8시이다.

_____

413 정각 1시이다.

_____

414 2시 6분이다.

_____

415 3시 15분이다.

_____

416 3시 30분이다.

_____

417 3시 45분이다.

_____

418 3시 5분전이다.

_____

419 5시 50분이다.

_____

420 6시 10분전이다.

_____

다음 문장에 맞게 영어로 적으시오.

401 금요일이다.

It is Friday.

402 주말이다.

It is weekend.

403 1월 1일이다.

It is January 1st.

404 7월 8일이다.

It is July 8th.

405 여름이다.

It is summer.

406 쌀쌀하다.

It is chilly.

407 굉장히 춥다.

It is freezing.

408 눈이 많이 온다.

It is snowing heavily. / It snows heavily.

409 여기서 2킬로미터 떨어져 있다.

It is two kilometers from here.

410 여기는 밝다.

It is bright here.

다음 시간을 나타내는 문장에 맞게 영어로 적으시오.

411 오후 2시이다.

It is two p.m.

412 오전 8시이다.

It is eight a.m.

413 정각 1시이다.

It is one o'clock

414 2시 6분이다.

It is two six. / It is six past two.

415 3시 15분이다.

It is three fifteen. / It is quarter past three.

416 3시 30분이다.

It is three thirty. / It is half past three

417 3시 45분이다.

It is three forty five. / It is quarter to four.

418 3시 5분전이다.

It is five to three.

419 5시 50분이다.

It is five fifty.

420 6시 10분전이다.

It is ten to six.

22강. [주어자리에는 무엇이 올까?]

주어[고유 명사] + 서술어[동사]

• 용어정리 •

고유 명사   특정한 사물이나 사람을 가리키는 명사

> **POINT** 1. 명사는 '보통명사/추상명사/물질명사/고유명사/집합명사'가 있다.
> 2. '고유명사'는 늘 대문자로 시작한다.
> 3. '고유명사'는 특별한 경우를 제외하고 관사를 붙이지 않는 게 원칙이다.
> 4. '고유명사'는 특별한 경우를 제외하고 복수형이 따로 없다.
> 5. '고유명사'가 경계가 모호한 '집안, 강, 바다, 산맥, 복수국가'일 때는 앞에 정관사 'the'를 써서 '하나의 그룹'이라는 의미를 강조해준다.

1. 고유명사는 특정한 사물이나 사람을 지칭한다.

| 주의 | '고유명사'는 국가, 도시, 특정 지명, 회사, 특정한 날, 사람의 이름 등을 지칭하며 늘 대문자로 시작한다.

국 가	도 시	특정(지)명
Korea	Seoul	Jeju Island
Japan	New York	Seoul Station
Canada	L.A	Incheon Airport
France	London	Disneyland

고유명사

회사	특정일	이름
Google	Halloween	Jeff
Microsoft	Christmas	Michael
Samsung	Thanksgiving Day	Sophia
Apple	Memorial Day	Stella

2. 고유명사지만 앞에 정관사 'the'를 붙이는 경우 (주의할 것)

| 주의 | 정관사 'the'가 '유일한 하나'라는 의미이므로 고유명사 앞에 오면 '여러 개를 하나로 묶는 다'는 개념으로 알아두면 좋다.

1) 사람 이름 앞에 the를 붙일 때

- 여러 가족원을 하나로 묶는 단위로 이해 (복수취급)

- the Kims Kim 씨 가족
- the Smiths Smith 씨 가족
- the Bakers Baker 씨 가족

The Kims are kind to me.

Kim씨 가족은 나에게 친절하다.

The Bakers eat breakfast together.

Baker씨 가족은 아침을 모여서 식사한다.

2) 강이나 바다 명칭 앞에 the를 붙일 때

- 강물, 바다를 하나로 뭉친 단위로 이해

- the Pacific 태평양
- the Atlantic 대서양
- the Han River 한강

The Pacific is very large.

태평양은 매우 크다.

The Han River runs through Seoul.

한강은 서울을 관통해서 흐른다.

3) 산맥이나 큰 계곡 명칭 앞에 the를 붙일 때

- 산들이 모여 이룬 하나의 산맥 단위로 이해

- the Grand Canyon 그랜드 캐니언
- the Alps 알프스 산맥 (복수 취급)
- the Himalayas 히말라야 산맥 (복수 취급)

The Himalayas are the ceiling of the world.

히말라야 산맥은 세계의 지붕이다.

The Grand Canyon has a spectacular view.

그랜드 캐니언은 장엄을 이루는 경치를 가지고 있다.

4) 국가 명칭 앞에 the를 붙일 때
- 여러 섬이나 나라, 주가 모여 이룬 국가 단위로 이해

- the Philippines 필리핀
- the United Kingdom 영국
- the U.S.A 미국

The United States of America is a nation of many races.

미국은 많은 인종의 국가다.

The philippines has two official languages.

필리핀은 공용어가 두 개이다.

다음 의미에 맞는 단어를 영어로 적으시오.

421 한국

_____

422 한국어/한국 사람

_____

423 영어/영국 사람

_____

424 일본

_____

425 일본어/일본 사람

_____

426 제주도

_____

427 서울

_____

428 서울역

_____

429 인천공항

_____

430 크리스마스

_____

다음 밑줄 친 고유 명사를 올바르게 고치시오.

431 The James is my tutor.

_____

432 The Seoul Station is in Korea.

_____

433 Kims are kind to me.

_____

434 The bakers eat breakfast together.

_____

435 Pacific is very large.

_____

436 Han River runs through Seoul.

_____

437 Alps are the ceiling of the world.

_____

438 Grand Canyon has a spectacular view.

_____

439 United States of America is a nation of many races.

_____

440 Philippines has two official languages.

_____

다음 의미에 맞는 단어를 영어로 적으시오.

421 한국
Korea

422 한국어/한국 사람
Korean

423 영어/영국 사람
English

424 일본
Japan

425 일본어/일본 사람
Japanese

426 제주도
Jeju Island

427 서울
Seoul

428 서울역
Seoul Station

429 인천공항
Incheon Airport

430 크리스마스
Christmas

다음 밑줄 친 고유 명사를 올바르게 고치시오.

431 The James is my tutor.
James

432 The Seoul Station is in Korea.
Seoul Station

433 Kims are kind to me.
The Kims

434 The bakers eat breakfast together.
The Bakers

435 Pacific is very large.
The Pacific

436 Han River runs through Seoul.
The Han River

437 Alps are the ceiling of the world.
The Alps

438 Grand Canyon has a spectacular view.
The Grand Canyon

439 United States of America is a nation of many races.
The United States of America

440 Philippines has two official languages.
The Philippines

23강. [주어자리에는 무엇이 올까?]

주어[집합명사] + 서술어[동사]

• 용어정리 •

집합 명사 사람이나 사물 두 개 이상의 집합체를 나타내는 명사

> **POINT** 1. '집합명사'는 일반적으로 복수형이 없다.
> 2. '집합명사'는 복수형인 경우는 의미가 달라진다.
> 3. '집합명사'는 특정 직업이나 계층을 나타내는 집합 명사가 있다.(복수 취급)
> 4. '집합명사'는 사람이나 동물의 무리가 모여 있는 집합 명사가 있다. (복수 취급)
> 5. '집합명사'는 어떤 목적을 가진 사람들을 모아놓은 집합 명사가 있다.(단수/복수 취급)
> 6. '집합명사'는 사물의 집합체를 나타내는 집합 명사가 있다.(단수 취급)

1. 단수, 복수형에 따라 의미가 달라지는 집합 명사

| **주의** | '집합명사'의 복수형은 그 '집합명사'의 그룹의 의미라고 본다.

- people 사람   - family 한 가족
- peoples 민족, 인종   - families 여러 가족

해당 강의 시청 ▶▶▶

2. 특정 직업이나 계층을 나타내는 집합명사 (복수 취급)

| **주의** | 정관사 'the'를 붙이고 항상 복수 취급한다.

경찰	police

The police are coming. 경찰이 오고 있다.

* 경찰관 1명을 표현하고 싶을 때는 'Police officer'라고 하면 된다.

The police officer is coming. 경찰관 한 명이 오고 있다.

3. 사람이나 동물의 무리를 나타내는 집합명사 (복수 취급)

| **주의** | 정관사 'the'를 붙이지 않고 복수 취급한다.

사람들	people
소 떼	cattle
물고기	fish

People are happy. 사람들은 행복하다.

Cattle are everywhere. 소들은 어디에나 있다.

Fish live at sea or river. 물고기는 바다나 강에서 산다.

4. 어떤 목적을 가진 사람을 모아놓은 집합 명사 (단수/복수 취급)

| 주의 | 상황에 따라 단수와 복수 둘 다 쓸 수 있다. 하나의 집단으로 보면 단수 취급을 하고, 집단을 이루는 개체로 보면 복수 취급을 한다.

가족	family
청중	audience
위원회/협회	committee
직원	staff
학급	class
승무원/집단	crew

My <u>family</u> is proud of me.

내 가족은 나를 자랑스러워한다. (단수)

Our <u>family</u> are all sick.

우리 가족은 모두 아프다. (복수)

My <u>staff</u> is very busy.

나의 직원들은 매우 바쁘다. (단수)

The <u>staff</u> are very smart.

직원들 모두 매우 똑똑하다. (복수)

5. 사물의 집합체를 나타내는 집합 명사 (단수 취급)

| 주의 | 복수형없이 앞에 'some' 이나 '소유격'을 써 줄 수 있으며 항상 단수 취급을 한다.

가구	furniture
수화물	baggage
물품	merchandise
의류	clothing
기계류	machinery
음식	food
과일	fruit

Some <u>furniture</u> is very classic.

어떤 가구들은 매우 고전적이다.

My <u>baggage</u> is missing.

내 짐이 없어졌다.

| 주의 | 개수를 표현할 때는 물질명사처럼 앞에 'a piece of' 등을 붙여준다.

a piece of furniture 가구 한 점

a piece of baggage 수하물 한 개

a piece of merchandise 제품 한 개

a piece of clothing 옷 한 벌

a piece of machinery 기계 한 대

다음 괄호 안에 맞는 단어를 고르시오.

441 경찰이 오고 있다.

The police (is / are) coming.

442 경찰관이 거리에 있다.

The police officer (is / are) in the street.

443 경찰은 매일 범인을 잡는다.

The police (catch / catches) criminals everyday.

444 경찰관이 그녀에 대해 정보를 가지고 있다.

The police officer (have / has) some information about her.

445 사람들은 행복하다.

People (is / are) happy.

446 물고기는 바다나 강에서 산다.

Fish (live / lives) at sea or river.

447 어떤 가구들은 매우 고전적이다.

Some furniture (is / are) very classic.

448 내 짐이 없어졌다.

My baggage (is / are) missing.

449 이 음식은 너에게 안 좋다.

This food (is / are) bad for you.

450 이 과일은 맛있다.

This fruit (is / are) tasty.

다음 괄호 안에 맞는 단어를 고르시오.

451 (many / much) police officers

_____

452 (many / much) people

_____

453 (many / much) fish

_____

454 (many / much) family members

_____

455 (many / much) furniture

_____

456 (many / much) pieces of furniture

_____

457 (many / much) baggage

_____

458 (many / much) pieces of baggage

_____

459 (many / much) food

_____

460 (many / much) fruit

_____

다음 괄호 안에 맞는 단어를 고르시오.

441 경찰이 오고 있다.
The police (is / are) coming.

442 경찰관이 거리에 있다.
The police officer (is / are) in the street.

443 경찰은 매일 범인을 잡는다.
The police (catch / catches) criminals everyday.

444 경찰관이 그녀에 대해 정보를 가지고 있다.
The police officer (have / has) some information about her.

445 사람들은 행복하다.
People (is / are) happy.

446 물고기는 바다나 강에서 산다.
Fish (live / lives) at sea or river.

447 어떤 가구들은 매우 고전적이다.
Some furniture (is / are) very classic.

448 내 짐이 없어졌다.
My baggage (is / are) missing.

449 이 음식은 너에게 안 좋다.
This food (is / are) bad for you.

450 이 과일은 맛있다.
This fruit (is / are) tasty.

다음 괄호 안에 맞는 단어를 고르시오.

451 (many / much) police officers

---

452 (many / much) people

---

453 (many / much) fish

---

454 (many / much) family members

---

455 (many / much) furniture

---

456 (many / much) pieces of furniture

---

457 (many / much) baggage

---

458 (many / much) pieces of baggage

---

459 (many / much) food

---

460 (many / much) fruit

24강. [주어자리에는 무엇이 올까?]

주어[보통명사(규칙/불규칙변화)] + 서술어[동사]

• 용어정리 •

명사복수의 규칙 변화 명사 복수형을 표현할 때 따르는 규칙적 변화

명사복수의 불규칙 변화 명사 복수형을 표현할 때 일어나는 불규칙적인 변화

POINT 1. 명사의 규칙 변화 복수형
1) 보통 명사의 복수형은 명사 끝에 's'를 붙여준다.
2) '-s/-x/-sh/-ch'로 끝나는 보통명사의 복수형은 뒤에 's' 대신 'es'를 붙여준다.
3) '자음 + y'로 끝나는 보통명사의 복수형은 뒤에 's' 대신 'y'를 생략하고 그 자리에 'ies'를 붙여준다.
4) '자음+ o'로 끝나는 보통명사의 복수형은 뒤에 'o' 대신 'es'를 붙여준다. (예외가 많다.)
5) 'f, fe'로 끝나는 보통명사의 복수형은 뒤에 'f'나 'fe'를 생략하고 그 자리에 'ves'를 붙여준다.
2. 명사의 불규칙 변화 복수형
1) 보통 명사 내의 'a'나 'o'를 'e'로 바꿔준다.
2) 보통 명사 뒤에 'en' 이나 'ren'을 붙여준다.
3) 보통 명사의 단수, 복수 형태가 같은 것이 있다.

---

1. 명사의 규칙 변화 복수형
1) 보통 명사의 복수형은 명사 끝에 's'를 붙여준다.

book 책 - book<u>s</u> 책들

pen 펜 - pen<u>s</u> 펜들

horse 말 - horse<u>s</u> 말들

2) '-s/-x/-sh/-ch'로 끝나는 보통명사의 복수형은 뒤에 's' 대신 'es'를 붙여준다.

bu̲s̲ 버스 - buse̲s̲ 버스들
glas̲s̲ 유리잔 - glasse̲s̲ 유리잔들
bo̲x̲ 상자 – boxe̲s̲ 상자들
di̲s̲h̲ 접시 – dishe̲s̲ 접시들
ben̲c̲h̲ 벤치 - benche̲s̲ 벤치들

3) '자음 + y'로 끝나는 보통명사의 복수형은 뒤에 's' 대신 'y'를 생략하고 그 자리에 'ies'를 붙여준다.

cit̲y̲ 도시 - cit̲i̲e̲s̲ 도시들
lad̲y̲ 숙녀 - lad̲i̲e̲s̲ 숙녀들
bab̲y̲ 아가 - bab̲i̲e̲s̲ 아가들
bo̲y̲ 소년 - bo̲y̲s̲ 소년들
: 'y' 앞에 모음 'o'가 있으므로 'boy'는 그냥 'y' 다음에 's'를 붙인다.

41

4) '자음+ o'로 끝나는 보통명사의 복수형은 뒤에 'o' 대신 'es'를 붙여 준다.

potato 감자 - potatoes 감자들
hero 영웅 - heroes 영웅들
bamboo 대나무 - bamboos 대나무들
: 'y' 앞에 모음 'o'가 있으므로 그냥 'y' 다음에 's'를 붙인다.

| 예외 | 끝에 '자음 + o'로 끝나는 명사의 복수형은 'es' 대신 's'를 그냥 붙이는 예외도 사실 많다.

photo 사진 - photos 사진들
piano 피아노 - pianos 피아노들
auto 자동차 - autos 자동차들

5) 'f, fe'로 끝나는 보통명사의 복수형은 뒤에 'f'나 'fe'를 생략하고 그 자리에 'ves'를 붙여준다.

leaf 나뭇잎 - leaves 나뭇잎들
wife 부인 - wives 부인들

| 예외 | 'f, fe'로 끝나는 보통명사의 복수형은 'ves' 대신 's'를 그냥 붙이는 예외도 사실 많다.

roof 지붕 - roofs 지붕들
safe 금고 - safes 금고들
proof 증거 - proofs 증거들

2. 명사의 불규칙 변화 복수형

1) 보통 명사 내의 'a'나 'o'를 'e'로 바꿔준다.

man 남자 – men 남자들
woman 여자 – women 여자들
foot 발 – feet 발들
tooth 치아 – teeth 치아들
goose 거위 - geese 거위들

2) 보통 명사 뒤에 'en' 이나 'ren'을 붙여준다.

ox 황소 - oxen 황소들
child 아이 - children 아이들

| 예외 | 복수형이 독특하게 변하는 명사도 있다.

mouse 쥐 – mice 쥐들

3) 보통 명사의 단수, 복수 형태가 같은 것이 있다.

sheep 양 – sheep 양들
deer 사슴 – deer 사슴들
salmon 연어 – salmon 연어들
trout 송어 - trout 송어들

다음 괄호 안 명사의 복수형을 써보시오.

461 버스들이 여기서 정차한다.
(Bus) stop here.

462 나는 물 두 잔을 마실 수 있다.
I can drink two (glass) of water.

463 한국은 매우 아름다운 도시들을 가지고 있다.
Korea has very beautiful (city).

464 소년들이 학교 앞에 서 있다.
(Boy) stand in front of the school.

465 그들은 나의 영웅들이다.
They are my (hero).

466 나는 그녀에게 내 사진 몇 장을 보여줄 것이다.
I will show her some of my (photo).

467 피아노는 매우 인기 있는 악기이다.
(Piano) are very popular instrument.

468 나뭇잎들은 가을에 색이 변한다.
(Leaf) change color in autumn.

469 두 남자는 매우 다르다.
Two (man) are very different.

470 내 치아는 찬 음식에 매우 민감하다.
My (tooth) are very sensitive to cold food.

다음 중 맞는 복수형을 고르시오.

471 접시들 (dishs / dishes)

---

472 감자들 (potatos / potatoes)

---

473 부인들 (wifes / wives)

---

474 지붕들 (roofs / rooves)

---

475 증거들 (proofs / prooves)

---

476 여자들 (weman / women)

---

477 황소들 (oxes / oxen)

---

478 아이들 (childs / children)

---

479 쥐들 (mouses / mice)

---

480 연어들 (salmon / salmons)

다음 괄호 안 명사의 복수형을 써보시오.

461 버스들이 여기서 정차한다.
(Buses) stop here.

462 나는 물 두 잔을 마실 수 있다.
I can drink two (glasses) of water.

463 한국은 매우 아름다운 도시들을 가지고 있다.
Korea has very beautiful (cities).

464 소년들이 학교 앞에 서 있다.
(Boys) stand in front of the school.

465 그들은 나의 영웅들이다.
They are my (heroes).

466 나는 그녀에게 내 사진 몇 장을 보여줄 것이다.
I will show her some of my (photos).

467 피아노는 매우 인기 있는 악기이다.
(Pianos) are very popular instrument.

468 나뭇잎들은 가을에 색이 변한다.
(Leaves) change color in autumn.

469 두 남자는 매우 다르다.
Two (men) are very different.

470 내 치아는 찬 음식에 매우 민감하다.
My (teeth) are very sensitive to cold food

다음 중 맞는 복수형을 고르시오.

471 접시들 (dishs / dishes)

---

472 감자들 (potatos / potatoes)

---

473 부인들 (wifes / wives)

---

474 지붕들 (roofs / rooves)

---

475 증거들 (proofs / prooves)

---

476 여자들 (weman / women)

---

477 황소들 (oxes / oxen)

---

478 아이들 (childs / children)

---

479 쥐들 (mouses / mice)

---

480 연어들 (salmon / salmons)

25강. [주어자리에는 무엇이 올까?]

주어[부정대명사(-one/-body/-thing)] + 서술어[동사]

• 용어정리 •

부정대명사 특정하게 정하지 않은 막연한 대상을 일컫는 말

POINT 1. '부정대명사'는 그 자체로 '주어'의 역할을 한다.
2. '부정대명사'를 만들 때 'Every-/Some-/Any-/No-'는 뒤에 'one / body / thing'을 붙여 사용한다.
3. 'Every-/Some-/Any-/No-'가 붙는 '부정대명사'는 주로 단수 취급을 한다.
4. '-one/-body'는 '사람'을 대신하고 '-thing'은 '사물'을 대신한다.

1. 사람을 대신하는 '부정대명사' : Every-(모두가)

| 주의 | 'Every-'가 주어일 때는 단수 취급을 해서 동사 뒤에 (-s)를 붙인다.

Everyone is there.
모두가 거기 있다.

Everybody is there.
모두가 거기 있다.

Everyone needs a sleep.
모두가 잠이 필요하다.

Everybody needs a sleep.
모두가 잠이 필요하다.

Everyone knows about it.
모두가 그것을 알고 있다.

Everybody knows about it.
모두가 그것을 알고 있다.

2. 사물을 대신하는 '부정대명사' : Every- (모든 것이)

| 주의 | 'Every-'가 주어일 때는 단수 취급을 해서 동사 뒤에 (-s)를 붙인다.

<u>Everything</u> <u>is</u> good.

모든 것이 좋다.

<u>Everything</u> <u>is</u> a lie.

모든 것이 거짓말이다.

3. 사람을 대신하는 '부정대명사' : Some-(누군가/어떤 사람은)

| 주의 | 'Some-'이 주어일 때는 단수 취급을 해서 동사 뒤에 (-s)를 붙인다.

<u>Someone</u> <u>is</u> here.

누군가 여기 있다.

<u>Somebody</u> <u>is</u> here.

누군가 여기 있다.

<u>Someone</u> <u>eats</u> breakfast at 11.

어떤 사람은 11시에 아침을 먹는다.

<u>Somebody</u> <u>eats</u> breakfast at 11.

어떤 사람은 11시에 아침을 먹는다.

<u>Someone</u> <u>wants</u> my phone number.

어떤 사람이 나의 전화번호를 원한다.

<u>Somebody</u> <u>wants</u> my phone number.

어떤 사람이 나의 전화번호를 원한다.

4. 사물을 대신하는 '부정대명사' : Some- (어떤 것이)

| 주의 | 'Some-'이 주어일 때는 단수 취급을 해서 동사 뒤에 (-s)를 붙인다.

Something is wrong.

어떤 것이 잘못되다.

Something is here.

어떤 것이 여기 있다.

5. 사람을 대신하는 '부정대명사' : Any-(아무나)

| 주의 | 'Any-'가 주어일 때는 단수 취급을 해서 동사 뒤에 (-s)를 붙이며 '사람'을 대신할 때는 주로 상대방에게 질문을 할 때 사용한다.

Anyone wants food?

아무나 음식 먹을 사람?

Anybody wants food?

아무나 음식 먹을 사람?

6. 사물을 대신하는 '부정대명사' : Any-(아무거나)

| 주의 | 'Any-'가 주어일 때는 단수 취급을 해서 동사 뒤에 (-s)를 붙인다.

Anything is good.

아무거나 좋다.

Anything is okay.

아무거나 좋다.

7. 사람을 대신하는 '부정대명사' : No-(아무도 ~없다/하지 않는다)

| 주의 | 주어로 '사람'을 의미할 때는 'None'보다는 'No one'을 주로 많이 쓴다. 문장 의미는 'No'
로 시작하는 '부정'의 의미이므로 부정형으로 해석한다.

No one is here.

아무도 여기 없다.

Nobody is here.

아무도 여기 없다.

No one eats breakfast in our room.

아무도 우리 방에서 아침을 먹지 않는다.

Nobody eats breakfast in our room.

아무도 우리 방에서 아침을 먹지 않는다.

No one knows about it.

아무도 그것을 잘 알지 못한다.

Nobody knows about it.

아무도 그것을 잘 알지 못한다.

8. 사물을 대신하는 '부정대명사' : No- (아무 것도 ~않다)

Nothing is impossible.

아무것도 불가능하지 않다.

Nothing is easy.

아무것도 쉽지 않다.

다음 밑줄 친 '부정대명사'를 알맞게 고치시오.

481 <u>Everything</u> is there.
모두 거기 있다.   (   )

482 <u>Something</u> needs a sleep.
누군가는 잠이 필요하다.   (   )

483 <u>Nothing</u> knows about it.
아무도 그것을 잘 알지 못한다.   (   )

484 <u>Anything</u> wants food?
아무나 음식 먹을 사람?   (   )

485 <u>Nothing</u> wants my phone number.
아무도 나의 전화번호를 원하지 않는다.   (   )

486 <u>Nothing</u> is here.
아무도 여기 없다.   (   )

487 <u>Everything</u> eats breakfast in our room.
모두 우리 방에서 아침을 먹는다.   (   )

488 <u>Everybody</u> is good.
모든 것이 좋다.   (   )

489 <u>Someone</u> is wrong.
어떤 것이 잘못되다.   (   )

490 <u>No one</u> is impossible.
아무것도 불가능하지 않다.   (   )

다음 빈칸 안에 알맞은 '부정대명사'를 고르시오.

491 (Everything / Everyone / Everybody) is a lie.

---

492 (Anyone / Everyone / Nothing) is impossible.

---

493 (Some / No / No one) is here.

---

494 (Nothing / Anything / Someone) knows about it.

---

495 (Someone / Anything / Anyone) wants food?

---

496 (No / No one / Some) eats breakfast at 11.

---

497 (No / No one / Nothing) is easy.

---

498 (Some / Any / Anything) is okay.

---

499 (Something / Nothing / Everyone) wants my phone number.

---

500 (Some / Something / Someone) needs a sleep.

다음 밑줄 친 '부정대명사'를 알맞게 고치시오.

481 <u>Everything</u> is there.

모두 거기 있다.   (Everyone / Everybody)

482 <u>Something</u> needs a sleep.

누군가는 잠이 필요하다.   (Someone / Somebody)

483 <u>Nothing</u> knows about it.

아무도 그것을 잘 알지 못한다.   (No one / Nobody)

484 <u>Anything</u> wants food?

아무나 음식 먹을 사람?   (Anyone / Anybody)

485 <u>Nothing</u> wants my phone number.

아무도 나의 전화번호를 원하지 않는다. (No one / Nobody)

486 <u>Nothing</u> is here.

아무도 여기 없다.   (No one / Nobody)

487 <u>Everything</u> eats breakfast in our room.

모두 우리 방에서 아침을 먹는다.   (Everyone / Everybody)

488 <u>Everybody</u> is good.

모든 것이 좋다.   (Everything)

489 <u>Someone</u> is wrong.

어떤 것이 잘못되다.   (Something)

490 <u>No one</u> is impossible.

아무것도 불가능하지 않다.   (Nothing)

다음 빈칸 안에 알맞은 '부정대명사'를 고르시오.

491 (Everything / Everyone / Everybody) is a lie.

492 (Anyone / Everyone / Nothing) is impossible.

493 (Some / No / No one) is here.

494 (Nothing / Anything / Someone) knows about it.

495 (Someone / Anything / Anyone) wants food?

496 (No / No one / Some) eats breakfast at 11.

497 (No / No one / Nothing) is easy.

498 (Some / Any / Anything) is okay.

499 (Something / Nothing / Everyone) wants my phone number.

500 (Some / Something / Someone) needs a sleep.

26강. [명사를 표현하는 법]

수량한정사(many/much/(a) few/(a) little) + 명사

● 용어정리 ●

한정사 명사 앞에서 명사의 범위를 정해주는 말

수량(한정)사 한정사 중 수량을 나타내는 말

가산 명사 셀 수 있는 명사 (보통명사, 집합명사)

불가산 명사 셀 수 없는 명사 (추상명사, 물질명사, 집합명사)

POINT 1. '한정사'는 관사, 소유격, 지시형용사, 수량한정사 등이 있다.

2. '수량한정사'는 명사를 셀 수 있는지 없는지에 따라 'many, much, (a) few, (a) little'를 붙여준다.

3. '수량한정사' 중에서 'many, (a) few'는 가산 명사(보통명사의 복수형, 복수취급을 하는 집합명사) 앞에, 'much, (a) little'은 불가산 명사(물질명사, 추상명사, 단수 취급을 하는 집합명사) 앞에 위치한다.

---

1. 한정사의 종류 (관사, 소유격, 지시형용사, 수량한정사)

- **관사** a, the

A book is on the table.
부정관사

한 책이 책상 위에 있습니다.

The book on the table is our textbook.
정관사

책상 위의 그 책이 우리 교재입니다.

(수량)한정사1 + 명사

해당 강의 시청 ▸▸▸

- 소유격 my, our, your, his, her, its, their

My friend is in the classroom.
소유격

내 친구가 교실 안에 있다.

His teacher is very generous.
소유격

그의 선생님은 매우 자상하다.

- 지시형용사 this, that, those, these

This bus goes to Seoul.
지시형용사

이 버스는 서울로 갑니다.

That girl is very smart.
지시형용사

저 여자애는 매우 똑똑하다.

2. 수량한정사 : many (많은) + 가산 명사 (보통명사 복수형, 집합명사)

| 주의 | 'many'는 주로 가산 명사(보통명사의 복수형, 복수취급을 하는 집합명사) 앞에 위치한다.

Many + 가산 명사 + 동사(복수 수일치)
(많은)　　　　1. 보통 명사의 복수형
　　　　　　　2. 복수 취급을 하는 집합명사

Many students are on vacation.
　　보통명사 복수형 (가산 명사)

많은 학생들이 방학 중이다. (O)

Many people study English in Korea.
　　집합명사 (항상 복수 취급 - 가산 명사)

많은 사람들이 한국에서 영어를 공부한다. (O)

Many food is in my place.
　　집합명사 (항상 단수 취급 - 불가산 명사)

많은 음식이 우리 집에 있다. (X)

Many money is in my pocket.
　　추상명사 (불가산 명사)

많은 돈이 내 주머니에 있다. (X)

Many milk is in the bottle.
　　물질명사 (불가산 명사)

많은 우유가 병 안에 있다. (X)

→ Many cartons of milk are on the table.
　　보통명사 복수형 (가산 명사)

많은 우유갑이 책상위에 있다. (O)

* a carton of milk = 우유 1갑

3. 수량한정사 : a few (조금 있는) / few (거의 없는) + 가산 명사 (보통 명사 복수형, 집합명사)

| 주의 | '(a) few'는 주로 가산 명사(보통명사의 복수형, 복수취급을 하는 집합명사) 앞에 위치한다, 'a few'는 긍정의 의미, 'few'는 부정의 의미로 쓰인다.

A few + 가산 명사 + 동사(복수 수일치)
(조금 있는)   1. 보통 명사의 복수형
              2. 복수 취급을 하는 집합명사

Few + 가산 명사 + 동사(복수 수일치)
(거의 없는)   1. 보통 명사의 복수형
              2. 복수 취급을 하는 집합명사

A few students are in the classroom.
보통명사 복수형 (가산 명사)

학생들 몇몇이 교실에 있다. (긍정) (O)

Few students are in the classroom.
보통명사 복수형 (가산 명사)

학생들이 거의 교실에 없다. (부정) (O)

A few people enjoy the show.
집합명사 (항상 복수 취급 - 가산 명사)

사람들 몇몇이 그 드라마를 즐긴다. (긍정) (O)

Few people enjoy the show.
집합명사 (항상 복수 취급 - 가산 명사)

사람들 거의 그 드라마를 즐기지 않는다. (부정) (O)

4. 수량한정사 : much (많은) + 불가산 명사 (물질명사, 추상명사, 집합명사)

| 주의 | 'much'는 주로 불가산 명사(물질명사, 추상명사, 단수 취급을 하는 집합명사) 앞에 위치한다.

Much + 불가산 명사 + 동사(단수 수일치)
(많은)
1. 물질명사, 추상명사
2. 단수 취급을 하는 집합명사

Many milk is in the bottle. (X)
물질명사 (불가산 명사)

Much milk is in the bottle. (O)
물질명사 (불가산 명사)

많은 우유가 병에 있다.

Many money is in my pocket. (X)
추상명사 (불가산 명사)

Much money is in my pocket. (O)
추상명사 (불가산 명사)

많은 돈이 내 주머니에 있다.

Many food is on my plate. (X)
집합명사 (항상 단수 취급 : 불가산 명사)

Much food is on my plate. (O)
집합명사 (항상 단수 취급 : 불가산 명사)

많은 음식이 내 접시에 있다.

5. 수량한정사 : a little (조금 있는) / little (거의 없는) + 불가산 명사 (물질명사, 추상명사, 집합명사)

| **주의** | '(a) little'은 주로 불가산 명사(물질명사, 추상명사, 단수 취급을 하는 집합명사) 앞에 위치한다. 'a little'은 긍정의 의미, 'little'은 부정의 의미로 쓰인다.

A little + **불가산 명사** + **동사(단수 수일치)**
(조금 있는)   1. 물질명사, 추상명사
                    2. 단수 취급을 하는 집합명사

Little + **불가산 명사** + **동사(단수 수일치)**
(거의 없는)   1. 물질명사, 추상명사
                  2. 단수 취급을 하는 집합명사

A few water is in my tumbler. (X)
　　　물질명사 (불가산 명사)

A little water is in my tumbler. (O)
　　　　物질명사 (불가산 명사)

물이 내 텀블러에 조금 있다. (긍정)

Little water is in my tumbler. (O)
　　　物질명사 (불가산 명사)

물이 내 텀블러에 거의 없다. (부정)

Few coffee is in my cup. (X)
　　物질명사 (불가산 명사)

A little coffee is in my cup. (O)
　　　　物질명사 (불가산 명사)

커피가 내 컵에 조금 있다. (긍정)

Little coffee is in my cup. (O)

물질명사 (불가산 명사)

커피가 내 컵에 거의 없다. (부정)

This is a few fun. (X)

추상명사 (불가산 명사)

This is a little fun. (O)

추상명사 (불가산 명사)

이거 조금 재미있어.

This is little fun. (O)

추상명사 (불가산 명사)

이거 별로 재미없어.

We have a few furniture. (X)

집합명사 (항상 단수 취급 : 불가산 명사)

We have a little furniture. (O)

집합명사 (항상 단수 취급 : 불가산 명사)

우리는 몇 개의 가구를 가지고 있다.

We have little furniture. (O)

집합명사 (항상 단수 취급 : 불가산 명사)

우리는 가구가 거의 없다.

수량한정사	의미
many + 가산 명사 **(보통명사 / 복수 취급하는 집합명사)**	많은 ~
much + 불가산 명사 **(물질명사 / 추상명사 / 단수 취급하는 물질명사)**	많은 ~
a few + 가산 명사 **(보통명사 / 복수 취급하는 집합명사)**	(긍정) 조금 있는
few + 가산 명사 **(보통명사 / 복수 취급하는 집합명사)**	(부정) 거의 없는
a little + 불가산 명사 **(물질명사 / 추상명사 / 단수 취급하는 물질명사)**	(긍정) 조금 있는
little + 불가산 명사 **(물질명사 / 추상명사 / 단수 취급하는 물질명사)**	(부정) 거의 없는

다음 괄호 안에 알맞은 단어를 고르시오.

501 많은 사람들이 한국에서 영어를 공부한다.
(Many / Much) people study English in Korea.

502 많은 음식이 우리 집에 있다.
(Many / Much) food is in my place.

503 많은 돈이 내 주머니에 있다.
(Many / Much) money is in my pocket.

504 우리는 가구가 많다.
We have (many / much) furniture.

505 학생들 몇몇이 교실에 있다.
(A few / A little) students are in the classroom.

506 학생들이 거의 교실에 없다.
(A few / Few) students are in the classroom.

507 물이 내 텀블러에 조금 있다.
(A few / A little) water is in my tumbler.

508 물이 텀블러에 거의 없다.
(A little / Little) water is in my tumbler.

509 이거 조금 재미있다.
This is (a little / a few) fun

510 우리는 몇 개의 가구를 가지고 있다.
We have (a few / a little) furniture.

다음 괄호 안에 들어갈 수 없는 단어를 고르시오.

511 (much / a little / a few) money
_____

512 (many / few / a little) people
_____

513 (little / much / a few) water
_____

514 (many / much / little) time
_____

515 (many / much / little) fun
_____

516 (many / much / little) food
_____

517 (many / a little / much) paper
_____

518 (many / a few / much) pieces of paper
_____

519 (a little / much / a few) furniture
_____

520 (many / much / a few) pieces of furniture
_____

다음 괄호 안에 알맞은 단어를 고르시오.

501 많은 사람들이 한국에서 영어를 공부한다.

(Many / Much) people study English in Korea.

502 많은 음식이 우리 집에 있다.

(Many / Much) food is in my place.

503 많은 돈이 내 주머니에 있다.

(Many / Much) money is in my pocket.

504 우리는 가구가 많다.

We have (many / much) furniture.

505 학생들 몇몇이 교실에 있다.

(A few / A little) students are in the classroom.

506 학생들이 거의 교실에 없다.

(A few / Few) students are in the classroom.

507 물이 내 텀블러에 조금 있다.

(A few / A little) water is in my tumbler.

508 물이 텀블러에 거의 없다.

(A little / Little) water is in my tumbler.

509 이거 조금 재미있다.

This is (a little / a few) fun

510 우리는 몇 개의 가구를 가지고 있다.

We have (a few / a little) furniture.

다음 괄호 안에 들어갈 수 없는 단어를 고르시오.

511 (much / a little / a few) money
_____

512 (many / few / a little) people
_____

513 (little / much / a few) water
_____

514 (many / much / little) time
_____

515 (many / much / little) fun
_____

516 (many / much / little) food
_____

517 (many / a little / much) paper
_____

518 (many / a few / much) pieces of paper
_____

519 (a little / much / a few) furniture
_____

520 (many / much / a few) pieces of furniture
_____

27강. [명사를 표현하는 법]

수량한정사((a/the)~ of) + 명사

• 용어정리 •

한정사 명사 앞에서 명사의 범위를 정해주는 말

수량(한정)사 한정사 중 수량을 나타내는 말

가산 명사 셀 수 있는 명사 (보통명사, 집합명사)

불가산 명사 셀 수 없는 명사 (추상명사, 물질명사, 집합명사)

POINT 1. '한정사'는 관사, 소유격, 지시형용사, 수량한정사 등이 있다.

2. '수량(한정)사'에는 두 개 이상의 단어가 '(a/the) ~ of'의 형태로 이루어진 한정사도 있다.
   - a couple of : 2~3개의, 몇 개의
   - a lot of / lots of : 많은 (가산 명사, 불가산 명사 모두 쓸 수 있다.)
   - a bunch of : ~의 한 다발 / 생각보다 많은
   - plenty of : 기준보다 충분히 많은
   - a ton of / tons of : 엄청나게 많은

---

1. A couple of ~ : 2~3개의, 몇 개의

| 주의 | 'a couple of'은 가산 명사 (보통명사 복수형/복수 취급을 하는 집합명사) 앞에 위치한다. 동사는 복수 취급을 한다.

A couple of + 가산 명사 + 동사(복수 수일치)

(2~3개의/ 몇 개의)   1. 보통 명사의 복수형
                    2. 복수 취급을 하는 집합명사

A couple of students study Chinese in our class.

보통명사 복수형 (가산 명사)

몇몇 학생들이 우리 반에서 중국어를 공부한다.

A couple of people are in the entrance hall.
집합명사 (항상 복수취급 : 가산 명사)

몇몇 사람들이 현관 복도에 있다.

2. a lot of / lots of : 많은 (같은 의미)

| 주의 | 'a lot of / lots of'는 셀 수 있는 유무를 따지지 않고 전체(보통명사 복수형, 물질명사, 추상명사, 집합명사) 앞에 온다.

동사는 가산 명사(보통명사의 복수형, 복수 취급을 하는 집합명사)는 복수 취급, 불가산 명사(단수 취급을 하는 집합명사, 물질명사, 추상명사)는 단수 취급을 해준다. 공식적인 표현에서 많이 쓴다.

A lot of/Lots of + 가산/불가산 + 동사(단수/복수)

(많은)

1. 가산 명사
2. 불가산 명사

1. 동사 복수 취급
2. 동사 단수 취급

A lot of animals are in the zoo.
보통명사 복수형 (가산 명사)

많은 동물들이 그 동물원에 있다.

= Lots of animals are in the zoo.
보통명사 복수형 (가산 명사)

A lot of people are waiting for me.
집합명사 (항상 복수 취급 : 가산 명사)

많은 사람들이 나를 기다리고 있다.

= Lots of people are waiting for me.
집합명사 (항상 복수 취급 : 가산 명사)

A lot of food is in the refrigerator.

집합명사 (항상 단수 취급 : 불가산 명사)

많은 음식이 냉장고에 있다.

= Lots of food is in the refrigerator.

집합명사 (항상 단수 취급 : 불가산 명사)

3. a bunch of : (생각보다) 많은 / ~의 한 묶음

| 주의 | 'a bunch of'는 셀 수 있는 유무를 따지지 않고 전체(보통명사 복수형, 물질명사. 추상명사, 집합명사) 앞에 위치한다.

동사는 가산 명사(보통명사, 복수 취급을 하는 집합명사)는 복수 취급, 불가산 명사(단수 취급을 하는 집합명사, 물질명사, 추상명사)는 단수 취급을 해준다. 회화에서 많이 쓴다.

A bunch of	+	가산/불가산	+	동사(단수/복수)
(생각보다 많은 / ~의 한 묶음)		1. 가산 명사 2. 불가산 명사		1. 동사 복수 취급 2. 동사 단수 취급

A bunch of kids are in the playground.

보통명사 복수형 (가산 명사)

생각보다 많은 아이들이 운동장에 있다.

A bunch of people study English in Korea.

집합명사 (항상 복수 취급 : 가산 명사)

생각보다 많은 사람들이 한국에서 영어를 공부한다.

4. plenty of : (기준보다) 충분히 많은

| 주의 | 'plenty of'는 셀 수 있는 유무를 따지지 않고 전체 (보통명사, 물질명사, 추상명사, 집합명사) 앞에 위치한다.
동사는 가산 명사(보통명사, 복수 취급 하는 집합명사)는 복수 취급, 불가산 명사(단수 취급하는 집합명사, 물질명사, 추상명사)는 단수 취급을 해준다. enough 보다 많은 의미로 구어체에서 많이 쓴다.

Plenty of + 가산/불가산 + 동사(단수/복수)

(충분히 많은)
1. 가산 명사
2. 불가산 명사

1. 동사 복수 취급
2. 동사 단수 취급

Plenty of members are at the meeting.
보통명사 복수형 (가산 명사)

충분히 많은 멤버들이 미팅에 참석하고 있다.

Plenty of police are here.
집합명사 (항상 복수취급 : 가산 명사)

충분히 많은 경찰들이 여기 쫙 깔렸다.

Plenty of food is in our place.
집합명사 (항상 단수취급 : 불가산 명사)

충분히 많은 음식이 우리 집에 있다.

5. a ton of / tons of : 엄청나게 많은 (같은 의미)

| **주의** | 'a ton of / tons of'는 셀 수 있는 유무를 따지지 않고 전체 (가산 명사 복수형, 물질명사, 추상명사, 집합명사) 앞에 위치한다.
동사는 가산 명사(보통명사, 복수 취급 하는 집합명사)는 복수 취급, 불가산 명사(단수 취급하는 집합명사, 물질명사, 추상명사)는 단수 취급을 해준다. 엄청나게 많다는 의미를 갖고 있다.

A ton of/Tons of	+	가산/불가산	+	동사(단수/복수)
(엄청나게 많은)		1. 가산 명사		1. 동사 복수 취급
		2. 불가산 명사		2. 동사 단수 취급

A ton of employees work late in the company.
보통명사 복수형 (가산 명사)

엄청나게 많은 직장인들이 회사에서 야근을 한다.

= Tons of employees work late in the company.
보통명사 복수형 (가산 명사)

A ton of people might wait for the concert.
집합명사 (항상 복수취급 : 가산 명사)

어쩌면 엄청나게 많은 사람들이 그 콘서트를 기다리고 있을지 모른다.

= Tons of people might wait for the concert.
집합명사 (항상 복수취급 : 가산 명사)

수량한정사	의미
a couple of + 가산 명사 **(보통명사 / 복수 취급하는 집합명사)**	2~3개의, 몇 개의
a lot of / lots of + 전체 (고유명사 제외)	많은 (공식적인 표현에서 주로 사용)
a bunch of + 전체	생각보다 많은 / ~의 한 묶음
plenty of + 전체 (고유명사 제외)	충분히 많은 (구어체에 많이 사용)
a ton of / tons of + 전체 (고유명사 제외)	엄청나게 많은

다음 밑줄 친 단어를 many 혹은 much로 바꾸시오.

521 <u>Lots of</u> students study Chinese in our class.

_____

522 <u>A lot of</u> people are in the entrance hall.

_____

523 <u>A lot of</u> animals are in the zoo.

_____

524 I drink <u>a lot of</u> water everyday.

_____

525 <u>Lots of</u> food is in the refrigerator.

_____

526 We have <u>a lot of</u> fun on weekends.

_____

527 <u>A lot of</u> people are waiting for me.

_____

528 I have <u>a whole bunch of</u> homework.

_____

529 <u>Plenty of</u> members are at the meeting.

_____

530 That program will be <u>a ton of</u> fun.

_____

다음 괄호 안에 단어를 이용해서 알맞은 표현으로 바꾸시오.

531 (couple) students study Chinese in our class.

_____

532 (plenty) people are in the entrance hall.

_____

533 (bunch) animals are in the zoo.

_____

534 I drink (tons) water everyday.

_____

535 (plenty) food is in the refrigerator.

_____

536 We have (ton) fun on weekends.

_____

537 (couple) people are waiting for me.

_____

538 I have (bunch) homework.

_____

539 (plenty) members are at the meeting.

_____

540 That program will be (ton) fun.

_____

다음 밑줄 친 단어를 many 혹은 much로 바꾸시오.

521 Lots of students study Chinese in our class.

Many

522 A lot of people are in the entrance hall.

Many

523 A lot of animals are in the zoo.

Many

524 I drink a lot of water everyday.

much

525 Lots of food is in the refrigerator.

Much

526 We have a lot of fun on weekends.

much

527 A lot of people are waiting for me.

Many

528 I have a whole bunch of homework.

much

529 Plenty of members are at the meeting.

Many

530 That program will be a ton of fun.

much

다음 괄호 안에 단어를 이용해서 알맞은 표현으로 바꾸시오.

531 (couple) students study Chinese in our class.

A couple of

532 (plenty) people are in the entrance hall.

Plenty of

533 (bunch) animals are in the zoo.

A bunch of

534 I drink (tons) water everyday.

tons of

535 (plenty) food is in the refrigerator.

Plenty of

536 We have (ton) fun on weekends.

a ton of

537 (couple) people are waiting for me.

A couple of

538 I have (bunch) homework.

a bunch of

539 (plenty) members are at the meeting.

Plenty of

540 That program will be (ton) fun.

a ton of

28강. [명사를 표현하는 법]

수량한정사(a/the ~ of) + 명사

• 용어정리 •

한정사 명사 앞에서 명사의 범위를 정해주는 말

수량(한정)사 한정사 중 수량을 나타내는 말

가산 명사 셀 수 있는 명사 (보통명사, 복수취급 집합명사)

불가산 명사 셀 수 없는 명사 (추상명사, 물질명사, 단수 취급 집합명사)

POINT 1. '한정사'는 관사, 소유격, 지시형용사, 수량한정사 등이 있다.

2. '수량(한정)사'에는 수를 나타내는 'number'와 양을 나타내는 'amount'가
'(a/the) ~ of'의 형태로 이루어진 한정사도 있다.
   - a number of ~ : 다수의 ~ / 상대방이 모르는 불특정한 양 (=many)
   - the number of ~ : ~의 수 / 상대방이 이미 알고 있는 특정한 양
   - an amount of ~ : 상당량의 / 상대방이 모르는 불특정한 양 (=much)
   - the amount of ~ : ~의 양 / 상대방이 이미 알고 있는 특정한 양

---

1. a number of ~ : 다수의 ~ (불특정한 양에 대한 한정사 - 복수 수일치)

| 주의 | 'a number of'는 가산 명사 (보통명사의 복수형, 복수 취급을 하는 집합명사) 앞에 위치한다.
의미는 '다수의 많은~ ' 이며, 동사는 항상 복수 취급을 한다. 앞에 'a'가 있다고 단수 취급
으로 착각하지 말 것.

A number of + **가산 명사** + **동사(복수 수일치)**
(다수의)   1. 보통 명사의 복수형
              2. 복수 취급을 하는 집합명사

A number of books are on the shelf.
보통명사 복수형 (가산 명사)

다수의 책들이 책꽂이 안에 있다.

A number of <u>cars</u> <u>are</u> in the street.

보통명사 복수형 (가산 명사)

다수의 자동차들이 거리에 있다.

A number of <u>people</u> <u>attend</u> the meeting.

집합명사 (항상 복수취급 : 가산 명사)

다수의 사람들이 회의에 참석한다.

2. the number of ~ : ~의 개수는 (특정한 양에 대한 개수 - 단수 수일치)

| 주의 | 'the number of'는 가산 명사 (보통명사의 복수형, 복수 취급을 하는 집합명사) 앞에 위치
한다. 의미는 '~의 개수는' 이며, 동사는 항상 단수 취급을 한다.

The number of + 가산 명사 + 동사(단수 수일치)

(~의 개수는)   1. 보통 명사의 복수형
                    2. 복수 취급을 하는 집합명사

The number of <u>books</u> on the shelf <u>is</u> 20.

보통명사 복수형 (가산 명사)

책꽂이 안에 있는 책의 권수는 20권이다.

The number of <u>students</u> in the playground <u>is</u> 15.

보통명사 복수형 (가산 명사)

운동장에 있는 학생들의 인원수는 15명이다.

The number of <u>people</u> in the meeting <u>is</u> 60.

집합명사 (항상 복수취급 : 가산 명사)

회의실에 있는 사람들의 인원수는 60명이다.

3. an amount of ~ : 상당량의 ~ (불특정한 양에 대한 한정사 - 단수 수 일치)

| 주의 | 'an amount of'는 불가산 명사 (물질명사, 추상명사, 단수 취급 집합명사) 앞에 위치한다. 의미는 '상당량의 ~ ' 이며, 동사는 항상 단수 취급을 한다.

An amount of + 불가산 명사 + 동사(단수 수일치)
(상당량의)   1. 물질명사, 추상명사
                   2. 단수 취급 하는 집합명사

An amount of water flows into the sea.
            물질명사 (불가산 명사)

상당량의 물이 바다로 흐른다.

An amount of fruit is really good for you.
            집합명사 (항상 단수취급 - 불가산 명사)

상당히 많은 과일은 정말 당신에게 좋다.

4. the amount of ~ : ~ 의 양 (불특정한 양에 대한 수량 - 단수취급)

| 주의 | 'the amount of'는 불가산 명사 (물질명사, 추상명사, 단수 취급 집합명사) 앞에 위치한다. 의미는 '~의 양' 이며, 동사는 항상 단수 취급을 한다.

The amount of + 불가산 명사 + 동사(단수 수일치)
(~의 양)   1. 물질명사, 추상명사
                   2. 단수 취급 하는 집합명사

The amount of rice is not enough.
            물질명사 (불가산 명사)

쌀의 양이 충분치 않다.

수량한정사	의미
a number of + 가산 명사 **(보통명사 / 복수 취급하는 집합명사)** *동사는 복수 수일치	다수의
the number of + 가산 명사 **(보통명사 / 복수 취급하는 집합명사)** *동사는 단수 수일치	~의 개수는
an amount of + 불가산 명사 **(물질명사 / 추상명사 / 단수 취급하는 집합명사)** *동사는 단수 수일치	상당히 많은
the amount of + 불가산 명사 **(물질명사 / 추상명사 / 단수 취급하는 집합명사)** *동사는 단수 수일치	~ 양은

다음 밑줄 친 단어를 many 혹은 much로 바꾸시오.

541 A number of books are on the shelf.

_____

542 A number of cars are in the street.

_____

543 A number of people attend the meeting.

_____

544 An amount of water flows into the sea.

_____

545 An amount of sugar is in Coke.

_____

546 We can make an amount of money.

_____

547 I need an amount of time.

_____

548 An amount of fruit is really good for you.

_____

549 She often eats an amount of food.

_____

550 There are an amount of old furniture around here.

_____

다음 괄호 안에 알맞은 단어를 고르시오.

551 (Many / A number of / The number of) books on the shelf is 20.

552 (A number of / The number of / The amount of) cars are in the street.

553 (Plenty of / The number of / Many) people in the meeting is 60.

554 (An amount of / The number of / A number of) people attend the meeting.

555 (The number of / A number of / An amount of) sugar is in Coke.

556 We can make (many / the amount of / an amount of) money.

557 (The amount of / An amount of / A number of) fruit is really good for you.

558 (The amount of / Many / The number of) water for ramen is very important.

559 (A few /An amount of / The amount of) rice is not enough.

560 We have to reduce (the number of / the amount of / many) food.

다음 밑줄 친 단어를 many 혹은 much로 바꾸시오.

541 A number of books are on the shelf.

Many

542 A number of cars are in the street.

Many

543 A number of people attend the meeting.

Many

544 An amount of water flows into the sea.

Much

545 An amount of sugar is in Coke.

Much

546 We can make an amount of money.

much

547 I need an amount of time.

much

548 An amount of fruit is really good for you.

Much

549 She often eats an amount of food.

much

550 There are an amount of old furniture around here.

much

다음 괄호 안에 알맞은 단어를 고르시오.

551 (Many / A number of / The number of) books on the shelf is 20.

552 (A number of / The number of / The amount of) cars are in the street.

553 (Plenty of / The number of / Many) people in the meeting is 60.

554 (An amount of / The number of / A number of) people attend the meeting.

555 (The number of / A number of / An amount of) sugar is in Coke.

556 We can make (many / the amount of / an amount of) money.

557 (The amount of / An amount of / A number of) fruit is really good for you.

558 (The amount of / Many / The number of) water for ramen is very important.

559 (A few / An amount of / The amount of) rice is not enough.

560 We have to reduce (the number of / the amount of / many) food.

29강. [명사를 표현하는 법]

부정형용사/부정대명사(all/every/most)

• 용어정리 •

한정사 명사 앞에서 명사의 범위를 정해주는 말

부정형용사 특정하지 않은 막연한 대상을 꾸며주는 말

부정대명사 특정하지 않은 막연한 대상을 일컫는 말

POINT 1. 의미를 혼동하기 쉽고 부정형용사와 부정대명사로 쓰이는 표현도 정리해 보자.
- all : '모든/모두가/모든 것이'라는 100%의 의미로 부정형용사 혹은 부정대 명사로 쓸 수 있다.
- most : '대부분의~/대부분이'라는 90%의 의미로 부정형용사 혹은 부정대 명사로 쓸 수 있다.
- every : '(주어)모든 ~은 하나하나/(일정한 시간)~마다'라는 개별성을 강조 한 의미로 부정형용사로만 쓸 수 있다.

---

1. all - '부정형용사'로 쓰일 때 (모든 - 100%)

┃주의┃ 'All'이 부정형용사로 쓰일 때는 '가산 명사'와 '불가산 명사'가 올 때 두 가지이다.

> **All** + 가산 명사(복수형) + 동사(복수 수일치)
>
> **All** + 불가산 명사 + 동사(단수 수일치)

All <u>students</u> study English.
가산 명사
<u>모든</u> 학생들이 영어를 공부한다.

All <u>food</u> is fresh.
불가산 명사
<u>모든</u> 음식이 신선하다.

2. all - '부정대명사'로 쓰일 때 (가산 명사와 함께 : 모두가 - 100%)

| **주의** | 'All'이 부정대명사로 쓰일 때는 '가산 명사' 개념일 때 총 세 가지이다.

All + 동사(복수 수일치)
All of the + 가산 명사(복수형) + 동사(복수 수일치)
All (of) the + 가산 명사(복수형) + 동사(복수 수일치)

All are happy.
모두가 행복하다.

All are pretty.
모두가 예쁘다.

All of the students study English.
　　　　　　　가산 명사
학생들 모두가 영어를 공부한다.

All (of) the students study English.
　　　　　　　가산 명사
학생들 모두가 영어를 공부한다.

3. all - '부정대명사'로 쓰일 때 (불가산 명사와 함께 : 모든 것이 - 100%)

| 주의 | 'All'이 부정대명사로 쓰일 때는 '불가산 명사' 개념일 때 총 세 가지이다.

> **All** + 동사(단수 수일치)
> **All of the** + 불가산 명사 + 동사(단수 수일치)
> **All (of) the** + 불가산 명사 + 동사(단수 수일치)

All is well.
모든 것이 잘되고 있다.

All of the food is fresh.
불가산 명사

음식 모든 것이 신선하다.

All (of) the food is fresh.
불가산 명사

음식 모든 것이 신선하다.

4. all - '부정대명사'로 쓰일 때 (인칭대명사와 함께 : 모두가/모든 것이 - 100%)

| 주의 | 'All'이 인칭대명사와 쓰일 때는 'the'는 사용하지 않는다.

> **All of** + 복수 인칭대명사(목적격) + 동사(복수 수일치)

All of us study English.
인칭대명사

우리 모두가 영어를 공부한다.

All of them are pretty.
인칭대명사
그것들 모두가/모든 것이 예쁘다.

5. most - '부정형용사'로 쓰일 때 (대부분의 ~ - 90%)

| 주의 | 'Most'가 부정형용사로 쓰일 때는 '가산 명사'와 '불가산 명사'가 올 때 두 가지이다.

Most + 가산 명사(복수형) + 동사(복수 수일치)

Most + 불가산 명사 + 동사(단수 수일치)

Most students study English.
가산 명사
대부분의 학생들이 영어를 공부한다.

Most food is fresh.
불가산 명사
대부분의 음식이 신선하다.

6. most - '부정대명사'로 쓰일 때 (대부분이 - 90%)

| 주의 | 'Most'가 부정대명사로 쓰일 때는 '가산 명사'와 '불가산 명사'가 올 때 두 가지이다.
'Most'는 단독으로 부정대명사로 쓰지는 않는다.

Most of the + 가산 명사(복수형) + 동사(복수 수일치)

Most of the + 불가산 명사 + 동사(단수 수일치)

Most of the <u>students</u> <u>study</u> English.
가산 명사

학생들 <u>대부분이</u> 영어를 공부한다.

Most of the <u>food</u> <u>is</u> fresh.
불가산 명사

음식 <u>대부분이</u> 신선하다.

7. most - '부정대명사'로 쓰일 때 (인칭대명사와 함께 : 대부분이 - 90%)

| 주의 | 'Most'가 인칭대명사와 쓰일 때는 'the'는 사용하지 않는다.

<u>Most of</u> + 복수 인칭대명사(목적격) + 동사(복수 수일치)

Most of <u>us</u> <u>study</u> English.
인칭대명사

우리 <u>대부분이</u> 영어를 공부한다.

Most of <u>them</u> <u>are</u> pretty.
인칭대명사

그것들 <u>대부분이</u> 예쁘다.

8. every - '부정형용사'로 쓰일 때 (가산 명사와 함께 : 모든 ~은 하나하나)

| 주의 | 'Every'가 부정형용사로 쓰일 때는 '가산 명사 단수형'만 온다.

Every + 가산 명사(단수형) + 동사(단수 수일치)
모든 ~ 하나하나

Every <u>man</u> <u>has</u> his passion.
단수

모든 사람은 <u>하나하나</u> 열정을 가지고 있다.

Every student needs a good teacher.
단수

모든 학생은 하나하나 좋은 선생님이 필요하다.

9. every - '부정형용사'로 쓰일 때 (시간을 나타내는 명사와 함께 : ~마다)

| 주의 | 'every'가 시간의 단위를 나타내는 단어와 함께 쓰이면 '~마다'라는 의미가 된다.
숫자 '기수'는 '1,2,3,4..' 이며 '서수'는 'first, second, third..' 라고 표기한다.

Every + (시간을 나타내는 명사)
~마다

Every + (기수 + 복수명사)
~마다   1개의 단위로 취급

Every + (서수 + 단수명사)
~마다   1개의 단위로 취급

We are very busy every day.
                  시간을 나타내는 명사

우리는 매일마다 바쁘다.

I get up early every morning.
                  시간을 나타내는 명사

나는 아침마다 일찍 일어난다.

I change my car every two years.
                  기수   복수명사

나는 2년마다 차를 바꾼다.

= I change my car every second year.
                   서수   단수명사

나는 2년마다 차를 바꾼다.

다음 문장에서 괄호 안에 알맞은 동사를 고르시오.

561 All students (study / studies) English.

_____

562 All baggage (is / are) missing.

_____

563 All of the food (is / are) fresh.

_____

564 Most of the items (is / are) pretty.

_____

565 Most of the food (is / are) fresh.

_____

566 Most of the baggage (is / are) missing.

_____

567 Most of them (is / are) pretty.

_____

568 Every man (has / have) his passion.

_____

569 Every student (needs / need) a good teacher.

_____

570 Every country (has / have) its own culture.

_____

다음 괄호 안에 알맞은 단어를 고르시오.

571 (All / Every) students study English.

_____

572 (All of the / All of) items are pretty.

_____

573 (All / All of) food is fresh.

_____

574 (All the / All of) students study English.

_____

575 (Most / Every) items are pretty.

_____

576 (Most of / Most of the) baggage is missing.

_____

577 (Most / Most of) them are pretty.

_____

578 (Most / Every) man has his passion.

_____

579 (Every / All) country has its own culture.

_____

580 I get up early (all / every) morning.

_____

다음 문장에서 괄호 안에 알맞은 동사를 고르시오.

561 All students (study / studies) English.

562 All baggage (is / are) missing.

563 All of the food (is / are) fresh.

564 Most of the items (is / are) pretty.

565 Most of the food (is / are) fresh.

566 Most of the baggage (is / are) missing.

567 Most of them (is / are) pretty.

568 Every man (has / have) his passion.

569 Every student (needs / need) a good teacher.

570 Every country (has / have) its own culture.

다음 괄호 안에 알맞은 단어를 고르시오.

571 (All / Every) students study English.

---

572 (All of the / All of) items are pretty.

---

573 (All / All of) food is fresh.

---

574 (All the / All of) students study English.

---

575 (Most / Every) items are pretty.

---

576 (Most of / Most of the) baggage is missing.

---

577 (Most / Most of) them are pretty.

---

578 (Most / Every) man has his passion.

---

579 (Every / All) country has its own culture.

---

580 I get up early (all / every) morning.

30강. [명사를 표현하는 법]

부정형용사/부정대명사(one/some/both/each)

• 용어정리 •

한정사 명사 앞에서 명사의 범위를 정해주는 말

부정형용사 특정하지 않은 막연한 대상을 꾸며주는 말

부정대명사 특정하지 않은 막연한 대상을 일컫는 말

POINT 1. 의미를 혼동하기 쉽고 부정형용사와 부정대명사로 쓰이는 표현도 정리해 보자.
- one : '한 ~/하나는' 이라는 의미로 부정형용사 혹은 부정대명사로 쓸 수 있다. (단수 수일치)
- some : '몇몇/일부/어떤~/어떤 것'이라는 의미로 부정형용사 혹은 부정대명사로 쓸 수 있다. (단/복수)
- both : '두 ~ 다/둘 다/ 두 개 다'라는 의미로 부정형용사 혹은 부정대명사로 쓸 수 있다. (복수 수일치)
- each : '각각의 ~/~ 각각은'이라는 의미로 부정형용사 혹은 부정대명사로 쓸 수 있다. (단수 수일치)

---

1. one - '부정형용사'로 쓰일 때 (한 ~)

| 주의 | 'One' 이 부정형용사로 쓰일 때는 '한 ~' 이라는 의미로 단수 명사와만 함께 쓴다.

One + 가산 명사(단수형) + 동사(단수 수일치)

Only <u>one person</u> <u>is</u> here.
　　　　　　가산 명사
오직 한 사람만이 여기 있다.

부정형용사/부정대명사2

해당 강의 시청 ▸▸▸

2. one - '부정대명사'로 쓰일 때 (일반적인 사람을 가리키는 의미 : 사람은)

| 주의 | 'One'이 부정대명사로 쓰일 때 통상적으로 일반 사람을 의미할 때가 있다.

<u>One</u>: 일반적인 사람을 가리킬 때 쓰이며 '사람은' 이라고 해석한다.
동사(단수 수일치) 한다.

One has to get a license.
사람은 자격증을 따야 한다.

One is young only once.
사람은 딱 한 번 젊을 뿐이다.

3. one - '부정대명사'로 쓰일 때 (앞 단어를 반복하는 의미 : 한 명은/하나는)

| 주의 | 'One'이 앞 단어를 반복하는 부정대명사로 쓰일 때는 '하나'라는 의미로 쓴다.

<u>One</u>: 앞에 단어를 반복할 때 단순히 '하나' 라는 의미.
동사(단수 수일치) 한다.

Two <u>people</u> are in the classroom. <u>One</u> is a student.
⇨ 앞 문장의 people 단어 반복을 피해서 one 이라고 표현.

두 사람이 교실에 있다. <u>한 명은</u> 학생이다.

I have <u>a</u> blue <u>cap</u> and my sister has <u>a</u> yellow <u>one</u>.
⇨ 앞 문장의 cap 단어 반복을 피해서 one 이라고 표현.

나는 파란 모자 하나를 갖고 있고, 내 여동생은 노란 <u>하나를</u> 갖고 있다.

4. one - '부정대명사'로 쓰일 때 (~중 하나는 / ~중 한 명은)

| 주의 | 'One'이 부정대명사로 쓰일 때는 '~중에 하나'라는 의미로 쓴다.

One of the + 가산 명사(복수형) + 동사(단수 수일치)

One of the <u>students</u> <u>lives</u> here.
가산 명사

학생들 중에 한 명은 여기 산다.

5. one - '부정대명사'로 쓰일 때 (인칭대명사와 함께 : ~중 하나는~ / ~중 한 명은)

| 주의 | 'One'이 인칭대명사와 쓰일 때는 'the'는 사용하지 않는다.

One of + 복수 인칭대명사(목적격) + 동사(단수 수일치)

One of <u>us</u> studies English.
인칭대명사

우리 중 한 명이 영어를 공부한다.

One of <u>them</u> <u>is</u> pretty.
인칭대명사

그것들 중 하나는 예쁘다.

6. some - '부정형용사'로 쓰일 때 (몇몇은 / 어떤~)

| 주의 | 'Some'이 부정형용사로 쓰일 때는 '가산 명사'와 '불가산 명사'가 올 때 두 가지이다.

Some + 가산 명사(복수형) + 동사(복수 수일치)
Some + 불가산 명사 + 동사(단수 수일치)

Some students study English.
가산 명사

몇몇 학생들이 영어를 공부한다.

Some items are pretty.
가산 명사

몇몇 물품은 예쁘다.

Some food is fresh.
불가산 명사

어떤 음식은 신선하다.

Some baggage is missing.
불가산 명사

일부 짐이 사라졌다.

7. some – '부정대명사'로 쓰일 때 (가산 명사와 함께 : 몇몇은)

| 주의 | 'Some'이 부정형용사로 쓰일 때는 '가산 명사' 개념일 때 총 두 가지이다.

Some + 동사(복수 수일치)
Some of the + 가산 명사(복수형) + 동사(복수 수일치)

Some are happy.

몇몇은 행복하다.

Some of the students study English.
　　　　　　　가산 명사

학생들 몇몇은 영어를 공부한다.

Some are pretty.

몇몇이 예쁘다.

Some of the items are pretty.
　　　　　가산 명사

물품 중 몇몇은 예쁘다.

8. some - '부정대명사'로 쓰일 때 (불가산 명사와 함께 : 어떤 것은)

| 주의 | 'Some'이 부정대명사로 쓰일 때는 '불가산 명사' 개념일 때 총 두 가지이다.

Some + 동사(단수 수일치)
Some of the + 불가산 명사 + 동사(단수 수일치)

Some is necessary.
어떤 것은 필요하다.

Some of the food is fresh
          불가산 명사
음식 중 어떤 것은 신선하다.

9. some - '부정대명사'로 쓰일 때 (인칭대명사와 함께 : 몇몇은)

| 주의 | 'Some'이 인칭대명사와 쓰일 때는 'the'는 사용하지 않는다.

Some of + 복수 인칭대명사(목적격) + 동사(복수 수일치)

Some of us study English.
          인칭대명사
우리 중 몇몇은 영어를 공부한다.

Some of them are pretty.
          인칭대명사
그것들 중 몇몇은 예쁘다.

10. both - '부정형용사'로 쓰일 때 (두 ~ 다)

| **주의** | 'Both'가 부정형용사로 쓰일 때는 '두 ~다'라는 의미로 복수 명사와만 함께 쓴다.

Both + 가산 명사(복수형) + 동사(복수 수일치)

Both students study Japanese.
　　　가산 명사
두 학생 다 일본어를 공부한다.

Both games are interesting.
　　　가산 명사
두 게임 다 재미있다.

11. both - '부정대명사'로 쓰일 때 (둘 다 / 두 개 다)

| **주의** | 'Both'가 부정대명사로 쓰일 때는 '가산 명사' 개념일 때 총 세 가지이다.
　　　　　'두 개'라는 세는 의미이므로 '불가산 명사'는 쓰지 않는다.

Both + 동사(복수 수일치)
Both of the + 가산 명사(복수형) + 동사(복수 수일치)
Both (of) the + 가산 명사(복수형) + 동사(복수 수일치)

Both are happy.
둘 다 행복하다.

Both of the students study Japanese.
　　　　　　가산 명사
학생들 둘 다 일본어를 공부한다.

Both (of) the <u>students</u> <u>study</u> Japanese.
가산 명사
학생들 둘 다 일본어를 공부한다.

Both <u>are</u> interesting.
두 개 다 재미있다.

Both of the <u>games</u> <u>are</u> interesting.
가산 명사
게임 두 개 다 재미있다.

Both (of) the <u>games</u> <u>are</u> interesting.
가산 명사
게임 두 개 다 재미있다.

12. both - '부정대명사'로 쓰일 때 (인칭대명사와 함께 : 둘 다)

| 주의 | 'Both'가 인칭대명사와 쓰일 때는 'the'는 사용하지 않는다.

<u>Both of</u> + 복수 인칭대명사(목적격) + 동사(복수 수일치)

Both of <u>us</u> are tired.
인칭대명사
우리 둘 다 피곤하다.

Both of <u>them</u> <u>are</u> wrong.
인칭대명사
걔네들 둘 다 틀렸다.

13. each - '부정형용사'로 쓰일 때 (각각의~)

| **주의** | 'Each'가 부정형용사로 쓰일 때는 '각각의'라는 의미로 복수 명사와만 함께 쓴다.

Each + 가산 명사(단수형) + 동사(단수 수일치)

Each person is unique.
　　　가산 명사
각각의 사람은 개성이 있다.

Each student is important.
　　　가산 명사
각각의 학생은 중요하다.

Each song is different.
　　　가산 명사
각각의 노래는 다르다.

14. each - '부정대명사'로 쓰일 때 (가산 명사와 함께 쓰일 때 : 각각은)

| **주의** | 'Each'가 부정대명사로 쓰일 때는 '가산 명사' 개념일 때 총 두 가지이다.

Each + 동사(단수 수일치)
Each(부정대명사) of the + 가산 명사(복수형) + 동사(단수 수일치)

Each is unique.
각각은 개성이 있다.

Each is important.
각각은 중요하다.

Each is different.
각각은 다르다.

Each of the people is unique.
가산 명사

사람 각각은 개성이 있다.

Each of the students is important.
가산 명사

학생 각각은 중요하다.

Each of the songs is different.
가산 명사

노래 각각은 다르다.

15. each - '부정대명사'로 쓰일 때 (인칭대명사와 함께 : 각각은)

| 주의 | 'each'가 인칭대명사와 쓰일 때는 'the'는 사용하지 않는다.

Each of + 복수 인칭대명사(목적격) + 동사(단수 수일치)

Each of us is unique.
인칭대명사

우리 각각은 개성이 있다.

Each of them is important.
인칭대명사

그것들 각각은 중요하다.

다음 문장에서 괄호 안에 알맞은 동사를 고르시오.

581 One of the students (lives / live) here.

_____

582 One of them (is / are) pretty.

_____

583 One (has to get / have to get) a license.

_____

584 Some of the students (studies / study) English.

_____

585 Some of the food (is / are) fresh.

_____

586 Both games (is / are) interesting.

_____

587 Both (is / are) happy.

_____

588 Both of us (is / are) tired.

_____

589 Each student (is / are) important.

_____

590 Each of us (is /are) unique.

_____

다음 괄호 안에 알맞은 단어를 고르시오.

591 (One / Some) of the students lives here.

---

592 (One of the / One of) us studies English.

---

593 Two people are in the classroom. (It / One) is a student.

---

594 I have a blue cap and my sister has a yellow (it / one).

---

595 (Some / Some of) food is fresh.

---

596 (Some of the / Some of) us study English.

---

597 (Both of / Both of the) students study Japanese.

---

598 (Both / Both of) them are wrong.

---

599 (Each of the / Each of) students is important.

---

600 (Each of the / Each of) them is important.

다음 문장에서 괄호 안에 알맞은 동사를 고르시오.

581 One of the students (lives / live) here.

___

582 One of them (is / are) pretty.

___

583 One (has to get / have to get) a license.

___

584 Some of the students (studies / study) English.

___

585 Some of the food (is / are) fresh.

___

586 Both games (is / are) interesting.

___

587 Both (is / are) happy.

___

588 Both of us (is / are) tired.

___

589 Each student (is / are) important.

___

590 Each of us (is /are) unique.

___

다음 괄호 안에 알맞은 단어를 고르시오.

591 (One / Some) of the students lives here.

---

592 (One of the / One of) us studies English.

---

593 Two people are in the classroom. (It / One) is a student.

---

594 I have a blue cap and my sister has a yellow (it / one).

---

595 (Some / Some of) food is fresh.

---

596 (Some of the / Some of) us study English.

---

597 (Both of / Both of the) students study Japanese.

---

598 (Both / Both of) them are wrong.

---

599 (Each of the / Each of) students is important.

---

600 (Each of the / Each of) them is important.

31강. 동사시제 표현하는 법

주어 + 서술어[was/were] + 보어

• 용어정리 •

'be동사'의 과거형   과거 한순간에서의 상태나 상황을 나타내는 'be동사' 시제

POINT 1. be동사 과거형은 'am, is'는 'was'로, be동사 'are'은 'were'로 바꿔준다.
2. 문장중에 in+연도, 시간+ago, last+시간, yesterday, at that time, then, finally 등의 단어가 있으면 반드시 동사 과거형으로 표현해줘야 한다.

1. '일반명사'가 주어일 경우 'be동사' 과거형

| 주의 | 'be동사'의 과거형은 '~이었다. / ~있었다.' 의 의미로 사용된다.
'주어'가 단수이면 (was), 복수이면 (were)을 사용한다.

The book is(was) interesting.

그 책은 재미있다(재미있었다). : 주어가 단수

My friend is(was) on the 2nd floor.

내 친구가 2층에 있다(있었다). : 주어가 단수

The books are(were) very useful.

그 책들은 매우 유익하다(유익했다). : 주어가 복수

Many students are(were) absent from school.

많은 학생들이 결석한다(결석했다). : 주어가 복수

— be동사 과거형

해당 강의 시청 ▸▸▸

2. '인칭대명사'가 주어일 경우 'be동사' 과거형

I was a soldier in 2001.

나는 2001년도에 군인이었다.

We were friends in our school days.

우리는 학창시절에 친구였다.

You were there 3hours ago.

너희들은 3시간 전에 거기 있었다.

They were close last year.

그들은 작년에 친했었다.

You were late yesterday.

너는 어제 지각했다.

He was so great at that time.

그 사람 그때는 정말 멋있었다.

They were very important then.

그것들은 그때 매우 중요했다.

Finally, it was a lie.

마침내 그것은 거짓말이었다.

다음 괄호 중 알맞은 be동사 과거형을 고르시오.

601 The book (was / were) interesting.

---

602 Many students (was / were) absent from school.

---

603 A lot of food (was / were) in the refrigerator.

---

604 Few students (was / were) in the classroom.

---

605 The books on the table (was / were) our textbook.

---

606 Our family (was / were) all sick.

---

607 Everyone (was / were) there.

---

608 Plenty of police (was / were) here.

---

609 A couple of people (was / were) in the entrance hall.

---

610 A number of cars (was / were) in the street.

다음 문장 중 틀린 동사를 찾고 알맞게 고치시오.

611 Many students <u>were</u> absent from school.

_____

612 I <u>am</u> a soldier in 2001.

_____

613 We <u>are</u> friends in our school days.

_____

614 You <u>were</u> late today.

_____

615 You <u>will be</u> there 3 hours ago.

_____

616 He <u>is</u> so great at that time.

_____

617 She <u>will be</u> pretty in her school days.

_____

618 They <u>are</u> close last year.

_____

619 Finally, It <u>was</u> a lie.

_____

620 They <u>are</u> very important then.

_____

다음 괄호 중 알맞은 be동사 과거형을 고르시오.

601 The book (was / were) interesting.

---

602 Many students (was / were) absent from school.

---

603 A lot of food (was / were) in the refrigerator.

---

604 Few students (was / were) in the classroom.

---

605 The books on the table (was / were) our textbook.

---

606 Our family (was / were) all sick.

---

607 Everyone (was / were) there.

---

608 Plenty of police (was / were) here.

---

609 A couple of people (was / were) in the entrance hall.

---

610 A number of cars (was / were) in the street.

다음 문장 중 틀린 동사를 찾고 알맞게 고치시오.

611 Many students <u>were</u> absent from school.
O

612 I <u>am</u> a soldier in 2001.
was

613 We <u>are</u> friends in our school days.
were

614 You <u>were</u> late today.
O

615 You <u>will be</u> there 3 hours ago.
were

616 He <u>is</u> so great at that time.
was

617 She <u>will be</u> pretty in her school days.
was

618 They <u>are</u> close last year.
were

619 Finally, It <u>was</u> a lie.
O

620 They <u>are</u> very important then.
were

32강. 동사시제 표현하는 법

주어 + 서술어[일반동사+ed]

• 용어정리 •

'일반동사'의 과거형 과거 한순간에서의 행동을 나타내는 '일반동사' 시제

규칙동사 규칙적으로 활용되는 동사

불규칙동사 단어 중간이나 끝이 불규칙하게 변하면서 활용되는 동사

POINT 1. 일반동사의 과거형은 '~했다'라는 의미로 주어의 수나 인칭에 영향을 전혀
받지 않는다.
2. 규칙동사의 과거형 중 다음 철자로 끝나는 동사의 과거형은 주의한다.
규칙) 일반적으로 동사 기본형 뒤에 '-ed'를 붙여준다.
예외) '-e'로 끝나는 동사의 과거형은 동사 뒤에 'ed'대신 'd'만 붙여준다.
예외) '자음+y'로 끝나는 동사의 과거형은 동사 뒤에 'y'대신 'ied'를 붙여준다.
예외) '모음1개 + 자음1개'로 끝나는 동사의 과거형은 동사 뒤에 '자음'을 하나 더하고
'ed'를 붙여준다.
3. 불규칙동사의 과거형은 해당 동사마다 과거형이 다르므로 나올 때 마다 각
각 따로 외워둔다.

---

* '규칙동사'의 과거형 총정리

| 주의 | 동사 과거형은 동사마다 다르다. 뒤에 <속성 암기 노트> 참조

1. '동사 기본형 + ed'

| 주의 | 가장 일반적인 과거형으로 동사 기본형 뒤에 '-ed'를 붙인다.

주어 + [동사 기본형 + ed]

일반동사 과거형

해당 강의 시청 ▸▸▸

동사 기본형	동사 과거형 (-ed)	의미
ask	asked	질문하다 / 질문했다
call	called	전화하다 / 전화했다
finish	finished	끝내다 / 끝냈다
learn	learned	배우다 / 배웠다
look	looked	바라보다 / 바라보았다
offer	offered	제안하다 / 제안했다
show	showed	보여주다 / 보여주었다
open	opened	열다 / 열었다
order	ordered	주문하다 / 주문했다
work	worked	일하다 / 일했다

Some students <u>asked</u> a question.

몇몇 학생들이 질문했다.

Many people <u>called</u> the police 2hours ago.

많은 사람들이 2시간 전에 경찰에 전화했다.

He <u>offered</u> me a good position last week.

그가 지난주에 내게 좋은 자리를 제안했다.

2. '동사 기본형 + d'

| 주의 | '-e'로 끝나는 동사의 과거형은 동사 뒤에 'ed'대신 'd'만 붙여준다.

동사 기본형	동사 과거형 (-d)	의미
arrive	arrived	도착하다 / 도착했다
believe	believed	믿다 / 믿었다
change	changed	바꾸다 / 바꾸었다
close	closed	닫다 / 닫았다
dance	danced	춤추다 / 춤추었다
invite	invited	초대하다 / 초대했다
like	liked	좋아하다 / 좋아했다
live	lived	거주하다 / 거주했다
move	moved	옮기다 / 옮겼다
taste	tasted	맛이 나다 / 맛이 났다

My sister finally arrived home.

내 여동생이 마침내 집에 도착했다.

He changed his job 2years ago.

그는 2년 전에 그의 직업을 바꾸었다.

They moved all the furniture yesterday.

그들은 어제 모든 가구들을 다 옮겼다.

3. '동사 기본형 + ied'

| 주의 | '자음+y'로 끝나는 동사의 과거형은 동사 뒤에 'y'대신 'ied'를 붙여준다.

* 표시 동사는 '모음+y'로 끝나므로 그냥 'ed'를 붙여준다. 비교 주의.

동사 기본형	동사 과거형 (-ied)	의미
cry	cried	울다 / 울었다
delay	*delayed	미루다 / 미뤘다
enjoy	*enjoyed	즐기다 / 즐겼다
fry	fried	굽다 / 구웠다
play	*played	놀다 / 놀았다
reply	replied	응답하다 / 응답했다
stay	*stayed	머물다 / 머물렀다
study	studied	공부하다 / 공부했다
try	tried	해보다 / 해보았다
worry	worried	걱정하다 / 걱정했다

The baby cried all night long.
그 아가는 밤새도록 울었다.

My client replied to my letter very quickly.
나의 고객이 내 메일에 빨리 응답했다.

I studied French at collage last year.
나는 작년에 대학에서 프랑스어를 공부했다.

4. '동사 기본형 + 자음 1 + ed'

| **주의** | '모음 1개 + 자음 1개'로 끝나는 동사의 과거형은 동사 뒤에 '자음 1개 + ed'를 붙여준다.

동사 기본형	동사 과거형 (자음 1개 + ed)	의미
chat	chatted	잡담하다 / 잡담했다
drop	dropped	내려주다 / 내려주었다
fit	fitted	딱 맞다 / 딱 맞았다
plan	planned	계획하다 / 계획했다
stop	stopped	멈추다 / 멈추었다

We chatted casually on the phone.

우리는 전화로 가볍게 수다 떨었다.

My father dropped me near the station this morning.

나의 아버지는 오늘 아침에 나를 역 근처에 내려주셨다.

The bus stopped at traffic lights then.

그 버스가 그때 신호등에 멈춰 섰다.

| **주의** | 불규칙 동사 과거형은 일정한 규칙이 없고 동사마다 따로 알아두어야 한다. 뒤에 <속성 암기 노트> 참조

5. '동사 기본형 = 과거형'

| **주의** | 동사기본형과 과거형이 같다.

동사 기본형	동사 과거형	의미
cast	cast	던지다 / 던졌다
cook	cook	요리하다 / 요리했다
cost	cost	지불하다 / 지불했다
cut	cut	자르다 / 잘랐다
hit	hit	타격을 주다 / 타격을 주었다
hurt	hurt	다치게 하다 / 다치게 했다
let	let	~하게 놔두다 / ~하게 놔두었다
put	put	놓다 / 놓았다
read	read *발음주의	읽다 / 읽었다
quit	quit	그만두다 / 그만두었다
set	set	맞추다 / 맞추었다

It <u>cost</u> 5 dollars.

값 5불 지불했다.

The car <u>hit</u> the wall.

그 차가 벽을 들이받았다.

He <u>quit</u> the job last year.

그는 작년에 직장을 그만두었다.

6. '동사 기본형(A) ≠ 과거형(B)

| 주의 | 동사기본형과 유사한 형태를 이루면서 과거형으로 바뀐다.

동사 기본형	동사 과거형	의미
bring	brought	가지고 오다 / 가지고 왔다
buy	bought	사다 / 샀다
catch	caught	잡다 / 잡았다
fight	fought	싸우다 / 싸웠다
teach	taught	가르치다 / 가르쳤다
think	thought	생각하다 / 생각했다
lend	lent	빌려주다 / 빌려줬다
send	sent	보내다 / 보냈다
spend	spent	소비하다 / 소비했다
tell	told	말하다 / 말했다
sell	sold	팔다 / 팔았다
sleep	slept	자다 / 잤다
keep	kept	유지하다 / 유지했다

He brought his camera to our picnic.

그가 우리 소풍에 카메라를 가지고 왔다.

I spent 100 dollars on a new dress.

나는 새 옷에 100달러를 썼다.

She <u>told</u> me the news.

그녀는 나에게 그 뉴스를 <u>말했다</u>.

I <u>slept</u> badly last night.

나는 어젯밤에 잠을 잘 못 <u>잤다</u>.

| 주의 | 그 외에 불규칙 동사는 다양하게 많으므로 뒤에 <속성 암기 노트> 반드시 암기

다음 밑줄 친 동사의 과거형을 올바로 쓰시오.

621 Some students <u>ask</u> a question.

_____

622 He <u>offer</u> me a good position.

_____

623 He <u>change</u> his job.

_____

624 The baby <u>cry</u> all night long.

_____

625 My client <u>reply</u> to my letter very quickly.

_____

626 We <u>chat</u> casually on the phone.

_____

627 The bus <u>stop</u> at traffic lights.

_____

628 He <u>bring</u> his camera to our picnic.

_____

629 I <u>spend</u> 100 dollars on a new dress.

_____

630 I <u>sleep</u> badly last night.

_____

다음 틀린 동사를 찾아 올바로 고치시오.

631 Many people <u>called</u> the police 2 hours ago.

_____

632 He <u>offers</u> me a good position last week.

_____

633 My sister finally <u>arrive</u> home.

_____

634 He <u>changes</u> his job 2 years ago.

_____

635 They <u>move</u> all the furniture yesterday.

_____

636 I <u>studied</u> French at collage last year.

_____

637 My father <u>drops</u> me near the station this morning.

_____

638 The bus <u>stop</u> at traffic lights then.

_____

639 He <u>quits</u> the job last year.

_____

640 She <u>tell</u> me the news.

_____

다음 밑줄 친 동사의 과거형을 올바로 쓰시오.

621 Some students <u>ask</u> a question.

asked

622 He <u>offer</u> me a good position.

offered

623 He <u>change</u> his job.

changed

624 The baby <u>cry</u> all night long.

cried

625 My client <u>reply</u> to my letter very quickly.

replied

626 We <u>chat</u> casually on the phone.

chatted

627 The bus <u>stop</u> at traffic lights.

stopped

628 He <u>bring</u> his camera to our picnic.

brought

629 I <u>spend</u> 100 dollars on a new dress.

spent

630 I <u>sleep</u> badly last night.

slept

다음 틀린 동사를 찾아 올바로 고치시오.

631 Many people <u>called</u> the police 2 hours ago.

O

632 He <u>offers</u> me a good position last week.

offered

633 My sister finally <u>arrive</u> home.

arrived

634 He <u>changes</u> his job 2 years ago.

changed

635 They <u>move</u> all the furniture yesterday.

moved

636 I <u>studied</u> French at collage last year.

O

637 My father <u>drops</u> me near the station this morning.

dropped

638 The bus <u>stop</u> at traffic lights then.

stopped

639 He <u>quits</u> the job last year.

quit

640 She <u>tell</u> me the news.

told

33강. [문장 만들기]

주어 + 서술어[긍정/부정]

• 용어정리 •

평서문 내용을 객관적으로 설명하는 문장. (긍정문과 부정문이 있다.)

긍정문 '~는 ~이다/이었다'라고 긍정적으로 설명하는 문장.

부정문 '~는 ~아니다/아니었다'라고 주어와 서술어의 관계를 부정하는 문장.

대동사 'do/does/did'처럼 동사의 반복을 피하기 위해 받아주는 동사

POINT 1. 'be동사'의 부정문은 부정을 나타내는 단어 'not'을 be동사 뒤에 사용한다.

2. '일반동사'의 부정문은 주어가 1인칭/2인칭이거나 복수일 때는 대동사 'do'를, 주어가 3인칭 단수이거나 단수일 때는 대동사 'does'를, 문장이 과거형일 때는 주어와 상관없이 대동사 'did'를 부정을 나타내는 단어 'not'과 함께 일반동사 앞에 사용한다.

3. '조동사'의 부정문은 'will / can / may / must / should' + 'not' 을 사용한다.

4. '조동사'의 부정문 중 'have to'는 주어의 수에 따라 'have to' 앞에 'do not/ does not'을 붙여주며, '~할 필요가 없다' 라고 의미가 변함을 주의한다.

---

1. 'be동사'의 긍정/부정문

| **주의** | 각각 주어에 따라 'am not = ain't', 'are not = aren't', 'is not = isn't'로 줄여서 쓸 수 있다.

```
주어  +  (am/are/is + not)
      =  (ain't/aren't/isn't)
```

평서문(긍정/부정)

해당 강의 시청 ▸▸▸

(긍정) I <u>am</u> an English teacher.
나는 영어 선생님입니다.

(부정) I <u>am not</u> an English teacher.
나는 영어 선생님이 아닙니다.
= I <u>ain't</u> an English teacher.

(긍정) Some books <u>are</u> in the library.
몇몇 책은 도서관에 있다.

(부정) Some books <u>are not</u> in the library.
몇몇 책은 도서관에 있지 않다.
= Some books <u>aren't</u> in the library.

(긍정) Her car <u>is</u> red.
그녀의 차는 빨간색이다.

(부정) Her car <u>is not</u> red.
그녀의 차는 빨간색이 아니다.
= Her car <u>isn't</u> red.

2. 'be동사 과거형'의 긍정/부정문

| 주의 | 각각 주어에 따라 'was not = wasn't', 'were not = weren't' 로 줄여서 쓸 수 있다.

주어 + (was/were + not)
= (wasn't/weren't)

(긍정) I was a Japanese teacher.
나는 일본어 선생님이었다.

(부정) I <u>was not</u> a Japanese teacher.
나는 일본어 선생님이 아니었다.

= I <u>wasn't</u> a Japanese teacher.

(긍정) Some students were in the classroom.
몇몇 학생들이 교실에 있었다.

(부정) Some students <u>were not</u> in the classroom.
몇몇 학생들은 교실에 있지 않았다.

= Some students <u>weren't</u> in the classroom.

(긍정) His cap was black.
그의 모자는 검정색이었다.

(부정) His cap <u>was not</u> black.
그의 모자는 검정색이 아니었다.

= His cap <u>wasn't</u> black.

3. '일반동사'의 긍정/부정문
| 주의 | 각각 주어에 따라 'do not = don't', 'does not = doesn't'로 줄여서 쓸 수 있다.

> **주어 + (do/does + not + 동사 기본형)**
> **= (don't/doesn't + 동사 기본형)**

(긍정) I read the book.
> 나는 그 책을 읽는다. : 주어가 1인칭

(부정) I <u>do not</u> read the book.
> 나는 그 책을 읽지 않는다.

> = I <u>don't</u> read the book.

(긍정) Our friends play football.
> 우리 친구들은 축구를 한다. : 주어가 복수

(부정) Our friends <u>do not</u> play football
> 우리 친구들은 축구를 하지 않는다

> = Our friends <u>don't</u> play football.

(긍정) He lives alone.
> 그는 혼자 산다. : 주어가 3인칭 단수

(부정) He <u>does not</u> live alone.
> 그는 혼자 살지 않는다.

> = He <u>doesn't</u> live alone.

(긍정) Jeff eats lunch at 1.

Jeff는 1시에 점심을 먹는다. : 주어가 단수

(부정) Jeff <u>does not</u> eat lunch at 1.

Jeff는 1시에 점심을 먹지 않는다.

= Jeff <u>doesn't</u> eat lunch at 1.

4. '일반동사 과거형'의 긍정/부정문

| 주의 | 일반동사의 과거형은 주어에 영향을 받지 않으며 모두 'did not = didn't'로 줄여서 쓸 수 있다.

> 주어 + (did + not + 동사 기본형)
> = (did't + 동사 기본형)

(긍정) I bought the flower.

나는 그 꽃을 샀다.

(부정) I <u>did not</u> buy the flower.

나는 그 꽃을 사지 않았다.

= I <u>didn't</u> buy the flower.

(긍정) Our dogs barked at night.

우리 개들이 밤에 짖었다.

(부정) Our dogs <u>did not</u> bark at night.

우리 개들은 밤에 짖지 않았다.

= Our dogs <u>didn't</u> bark at night.

(긍정) They met here at 7.

그들은 7시에 여기서 만났다.

(부정) They <u>did not</u> meet here at 7.

그들은 7시에 여기서 만나지 않았다.

= They <u>didn't</u> meet here at 7.

(긍정) The shop opened last night.

그 가게가 어젯밤에 문을 열었다.

(부정) The shop <u>did not</u> open last night.

그 가게가 어젯밤에 문을 열지 않았다.

= The shop <u>didn't</u> open last night.

5. '조동사'의 긍정/부정문

| 주의 | 조동사에 따라 'will not = won't', 'cannot = can't', 'should not = shouldn't'로 줄여서 쓸 수 있다.

주어 + (조동사 + not) + (be/일반동사의 원형)

(긍정) I <u>will</u> be a doctor.

나는 의사가 될 것이다.

(부정) I <u>will not</u> be a doctor.

나는 의사가 되지 않을 것이다.

= I <u>won't</u> be a doctor.

(긍정) We <u>can</u> play baseball.

우리는 야구 경기를 할 수 있다.

(부정) We <u>cannot</u> play baseball.

우리는 야구 경기를 할 수 없다.

= We <u>can't</u> play baseball.

(긍정) You <u>may</u> stay until morning.

너는 아침까지 머물러도 된다.

(부정) You <u>may not</u> stay until morning.

너는 아침까지 머무르면 안 될지 모른다.

(긍정) They <u>should</u> keep it secret.

그들은 비밀을 지켜야 한다.

(부정) They <u>should not</u> keep it secret.

그들은 비밀을 지켜서는 안 된다.

= They <u>shouldn't</u> keep it secret.

(긍정) She <u>must</u> see the manager.

그녀는 관리인을 만나야 한다.

(부정) She <u>must not</u> see the manager.

그녀는 관리인을 만나면 안 된다. (강한 의무)

= She <u>need not</u> see the manager.

그녀는 관리인을 만날 필요 없다. (약한 의무)

(긍정) We <u>have to</u> make plans.

우리는 계획을 세워야 한다.

(부정) We <u>do not have to</u> make plans.

우리는 계획을 세울 필요가 없다.

= We <u>don't have to</u> make plans.

(긍정) He <u>has to</u> be careful.

그는 조심해야 한다.

(부정) He <u>does not have to</u> be careful.

그는 조심할 필요가 없다.

= He <u>doesn't have to</u> be careful.

다음 중 동사의 부정문을 축약해서 한 단어로 나타내시오.

641 I <u>am not</u> an English teacher.

_____

642 Some books <u>are not</u> in the library.

_____

643 Her car <u>is not</u> red.

_____

644 Some students <u>were not</u> in the classroom.

_____

645 I <u>do not</u> read the book.

_____

646 I <u>will not</u> be a doctor.

_____

647 We <u>cannot</u> play baseball.

_____

648 Our friends <u>do not</u> play football.

_____

649 We <u>do not have to</u> make plans.

_____

650 They <u>should not</u> keep it secret.

_____

다음 괄호 안에 알맞은 단어를 고르시오.

651 I (isn't / wasn't) a Japanese teacher.

_____

652 His cap (ain't / wasn't) black.

_____

653 Our friends (don't / aren't) play football.

_____

654 He (doesn't / don't) live alone.

_____

655 Jeff (didn't / isn't) eat lunch at 1.

_____

656 They (weren't / didn't) meet here at 7.

_____

657 The shop (don't / didn't) open last night.

_____

658 I (ain't / won't) be a doctor.

_____

659 We (isn't / can't) play baseball.

_____

660 We (wasn't / don't) have to make plans.

_____

다음 중 동사의 부정문을 축약해서 한 단어로 나타내시오.

641 I <u>am not</u> an English teacher.

ain't

642 Some books <u>are not</u> in the library.

aren't

643 Her car <u>is not</u> red.

isn't

644 Some students <u>were not</u> in the classroom.

weren't

645 I <u>do not</u> read the book.

don't

646 I <u>will not</u> be a doctor.

won't

647 We <u>cannot</u> play baseball.

can't

648 Our friends <u>do not</u> play football.

don't

649 We <u>do not have to</u> make plans.

don't have to

650 They <u>should not</u> keep it secret.

shouldn't

다음 괄호 안에 알맞은 단어를 고르시오.

651 I (isn't / wasn't) a Japanese teacher.

_____

652 His cap (ain't / wasn't) black.

_____

653 Our friends (don't / aren't) play football.

_____

654 He (doesn't / don't) live alone.

_____

655 Jeff (didn't / isn't) eat lunch at 1.

_____

656 They (weren't / didn't) meet here at 7.

_____

657 The shop (don't / didn't) open last night.

_____

658 I (ain't / won't) be a doctor.

_____

659 We (isn't / can't) play baseball.

_____

660 We (wasn't / don't) have to make plans.

_____

34강. [문장 만들기]

Be동사/(대동사) + 주어 + (일반동사) ?

• 용어정리 •

의문문 듣는 이에게 물어보는 문장. (의문문, 부정의문문, 부가의문문
이 있다.)

부정의문문 동사의 부정형으로 시작하는 의문문

부가의문문 사실을 한 번 더 확인하기 위해 문장 뒤에서 물어보는 의문문

POINT 1. 'be동사' 의문문은 문장 앞에 해당 주어에 맞는 'be동사'를 위치해준다.
2. 'be동사' 부정의문문은 'be동사'의 의문문 문장에서 앞에 위치한 'be동사'
를 부정형으로 만들어 위치해준다.
3. 'be동사' 부가의문문은 평서문 뒤에 해당 문장의 반대(긍정 또는 부정의문
문)를 한 번 더 덧붙인다.

---

1. 'be동사'의 의문문(긍정/부정/부가)

의문문   : [Am/Is/Are/Was/Were] + 주어 + 보어 ?
부정의문문 : [Ain't/Aren't/Isn't/Wasn't/Weren't] + 주어 + 보어 ?
부가의문문 : 주어 + (am/are/is/was/were) + 보어,
              [ain't/aren't/isn't/wasn't/weren't] + 주어 ?

(긍정문)   The book <u>is</u> about Korean culture.

(긍정의문문) <u>Is</u> the book about Korean culture?
             → 그 책 한국 문화에 대한 책이야?

(부정의문문) <u>Isn't</u> the book about Korean culture?
→ 그 책 한국 문화에 대한 책 아니야?

(부가의문문) The book <u>is</u> about Korean culture, isn't it?
→ 그 책은 한국 문화에 대한 책이지, 그렇지 않아?

(부가의문문) The book <u>is not</u> about Korean culture, is it?
→ 그 책은 한국 문화에 대한 책이 아니지, 그렇지?

(긍정문)　　　Your friends <u>were</u> at the party.

(긍정의문문) <u>Were</u> your friends at the party?
→ 너의 친구들 그 파티에 있었어?

(부정의문문) <u>Weren't</u> your friends at the party?
→ 네 친구들 그 파티에 없었어?

(부가의문문) Your friends <u>were</u> at the party, <u>weren't they?</u>
→ 네 친구들 그 파티에 <u>있었지? 그렇지 않아?</u>

(부가의문문) Your friends <u>were not</u> at the party, <u>were they?</u>
→ 네 친구들 그 파티에 <u>없었지, 그렇지?</u>

4. '일반동사' 의문문은 주어가 단수이면 문장 앞에 대동사 'Does', 복수이면
        대동사 'Do', 과거형이면 'Did'를 위치해 준다.
     5. '일반동사' 부정의문문은 '일반동사'의 의문문 문장에서 앞에 위치한 'Do/
        Does/Did'를 부정형으로 만들어 위치해 준다.
     6. '일반동사' 부가의문문은 평서문 뒤에 해당 문장의 반대(긍정 또는 부정의
        문문)를 한 번 더 덧붙인다.

2. '일반동사'의 의문문(긍정/부정/부가)

의문문   : [Do/Does/Did] + 주어 + 일반동사 + 보어 ?
부정의문문 : [Don't/Doesn't/Didn't] + 주어 + 일반동사 + 보어 ?
부가의문문 : 주어 + 일반동사, [do/don't, does/doesn't, did/didn't] + 주어 ?

(긍정)   They study English.

(의문문)   Do they study English?
              → 그들은 영어를 공부해?

(부정의문문) Don't they study English?
              → 그들은 영어를 공부하지 않아?

(부가의문문) They study English, don't they?
              → 그들은 영어 공부 하지, 그렇지 않아?

(부가의문문) They don't study English, do they?
              → 그들은 영어 공부 안 하지, 그렇지?

(긍정)   The cat <u>has</u> a long tail.

(의문문)   <u>Does</u> the cat <u>have</u> a long tail?
→ 그 고양이 꼬리가 길어?

(부정의문문) <u>Doesn't</u> the cat <u>have</u> a long tail?
→ 그 고양이 꼬리가 길지 않아?

(부가의문문) The cat <u>has</u> a long tail, <u>doesn't it</u>?
→ 그 고양이는 꼬리가 <u>길지, 그렇지 않아</u>?

(부가의문문) The cat <u>doesn't have</u> a long tail, <u>does it</u>?
→ 그 고양이는 꼬리가 <u>길지 않지, 그렇지</u>?

(긍정)   You <u>attended</u> the seminar.

(의문문)   <u>Did</u> you <u>attend</u> the seminar?
→ 너는 세미나에 참석했어?

(부정의문문) <u>Didn't</u> you <u>attend</u> the seminar?
→ 너는 세미나에 참석하지 않았어?

(부가의문문) You <u>attended</u> the seminar, <u>didn't you</u>?
→ 너는 세미나에 <u>참석했지, 그렇지 않았어</u>?

(부가의문문) You <u>didn't attend</u> the seminar, <u>did you</u>?
→ 너는 세미나에 <u>참석하지 않았지, 그렇지</u>?

7. '조동사' 의문문은 주어의 수나 인칭에 상관없이 문장 앞에 '조동사'를 위치해 준다.

8. '조동사' 부정의문문은 '조동사'의 의문문 문장에서 '조동사 + not'으로 만들어 준다.

9. '조동사' 부가의문문은 평서문 뒤에 해당 문장의 반대(긍정 또는 부정의문문)를 한 번 더 덧붙인다.

10. '조동사'는 '의문문', '부정의문문'. '부가의문문'은 문법적으로 맞아도 잘 안 쓰는 문장도 많다. 주의할 것.

3. '조동사'의 의문문(긍정/부정/부가)

의문문　　　: [조동사] + 주어 + 일반동사 ?
부정의문문 : [조동사 + not] + 주어 + 일반동사 ?
부가의문문 : 주어 + 조동사 + 일반동사, [조동사/조동사 + not] + 주어?

| 주의 | 조동사는 경우에 따라 부정의문문이나 부가의문문을 쓰지 않는 경우가 있다.

* 'will'의 의문문(긍정/부정/부가)

(긍정)　　　　You <u>will</u> be away for long.

(의문문)　　　<u>Will</u> you be away for long?
　　　　　　　→ 너는 오래 떠나 있을 거야?

(부정의문문) <u>Won't</u> you be away for long?
　　　　　　　→ 너는 오래 떠나 있지 않을 거야?

(부가의문문) You <u>will</u> be away for long, <u>won't you</u>?
　　　　　　　→ 너는 오래 떠나 있을 거지, <u>그렇지 않아</u>?

(부가의문문) You <u>won't</u> be away for long, <u>will you</u>?
　　　　　　　→ 너는 오래 떠나 있지 않을 거지, <u>그렇지</u>?

(긍정)   I <u>can</u> get a taxi here.

(의문문)   <u>Can</u> I get a taxi here?
            → 나 여기서 택시 잡을 수 있을까?

(부정의문문) <u>Can't</u> I get a taxi here?
            → 나 여기서 택시 잡을 수 없겠지?

(부가의문문) I <u>can</u> get a taxi here, <u>can't I</u>?
            → 나 여기서 택시 <u>잡을 수 있지</u>, <u>그렇지 않아</u>?

(부가의문문) I <u>can't</u> get a taxi here, <u>can I</u>?
            → 나 여기서 택시 잡을 수 없지, <u>그렇지</u>?

* 'should'의 의문문(긍정/부정/부가)

(긍정)   He <u>should</u> see a doctor.

(의문문)   <u>Should</u> he see a doctor?
            → 그는 진찰을 받으면 안 된다.

(부정의문문) <u>Shouldn't</u> he see a doctor?
            → 그는 진찰 받지 말아야 하나?

(부가의문문) He <u>should</u> see a doctor, <u>shouldn't he</u>?
            → 그는 진찰 <u>받아야 해</u>, <u>그렇지 않아</u>?

(부가의문문) He <u>shouldn't</u> see a doctor, <u>should he</u>?
            → 그는 진찰 받지 <u>않아도 되지</u>, <u>그렇지</u>?

다음 괄호 중에 알맞은 단어를 고르시오.

661 (Is / Do) the book about Korean culture?

_____

662 (Isn't / Don't) the book about Korean culture?

_____

663 (Did / Were) your friends at the party?

_____

664 (Didn't / Weren't) your friends at the party?

_____

665 (Do / Are) they study English?

_____

666 (Don't / Aren't) they study English?

_____

667 (Does / Is) the cat have a long tail?

_____

668 (Doesn't / Don't) the cat have a long tail?

_____

669 (Did / Were) you attend the seminar?

_____

670 (Didn't / Wasn't) you attend the seminar?

_____

다음 괄호 중에 알맞은 단어를 써서 부가의문문을 완성하시오.

671 The book is about Korean culture, (is it? / isn't it)?

_____

672 The book is not about Korean culture, (is it / isn't)?

_____

673 Your friends were at the party, (aren't you / weren't they)?

_____

674 Your friends were not at the party, (are you / were they)?

_____

675 They study English, (don't they / do they) ?

_____

676 They don't study English, (do they / don't they)?

_____

677 You will be away for long, (won't you / will you)?

_____

678 You won't be away for long, (will you / won't you)?

_____

679 She can't get a taxi here, (can she / can't she)?

_____

680 He should see a doctor, (should he? / shouldn't he)?

_____

다음 괄호 중에 알맞은 단어를 고르시오.

661 (Is / Do) the book about Korean culture?

---

662 (Isn't / Don't) the book about Korean culture?

---

663 (Did / Were) your friends at the party?

---

664 (Didn't / Weren't) your friends at the party?

---

665 (Do / Are) they study English?

---

666 (Don't / Aren't) they study English?

---

667 (Does / Is) the cat have a long tail?

---

668 (Doesn't / Don't) the cat have a long tail?

---

669 (Did / Were) you attend the seminar?

---

670 (Didn't / Wasn't) you attend the seminar?

다음 괄호 중에 알맞은 단어를 써서 부가의문문을 완성하시오.

671 The book is about Korean culture, (is it? / isn't it)?

_____

672 The book is not about Korean culture, (is it / isn't)?

_____

673 Your friends were at the party, (aren't you / weren't they)?

_____

674 Your friends were not at the party, (are you / were they)?

_____

675 They study English, (don't they / do they) ?

_____

676 They don't study English, (do they / don't they)?

_____

677 You will be away for long, (won't you / will you)?

_____

678 You won't be away for long, (will you / won't you)?

_____

679 She can't get a taxi here, (can she / can't she)?

_____

680 He should see a doctor, (should he? / shouldn't he)?

_____

35강. [문장 만들기]

의문사(Wh-/How)

• 용어정리 •

의문사   의문문 앞에서 궁금한 것에 대해 물어보기 위해 사용되는 단어

POINT
1. 의문사는 주로 의문문 앞에 위치한다.
2. '사물'에 대한 의문사는 'what/which = 무엇, 무슨, 어떤/어느'가 있으며 명사와 함께 올 수 있다. (명사/형용사 역할)
3. '사람'에 대한 의문사는 'who = 누구'가 있다. (명사 역할)
4. '시간'에 대한 의문사는 'when = 언제'이 있다. (부사 역할)
5. '위치, 장소'에 대한 의문사는 'where = 어디에'가 있다. (부사 역할)
6. '이유'에 대한 의문사는 'why = 왜'가 있다. (부사 역할)
7. '방법'에 대한 의문사는 'how = 어떻게'가 있다. (부사 역할)

1. 사물에 대한 의문사

What + be동사 + 주어 ?
What + 대동사 + 주어 + 일반동사 기본형 ?
What + 조동사 + 주어 + 일반동사 기본형 ?
What + 일반동사 ?

| 주의 | 'What'은 문장에 따라 '무엇, 왜, 무슨'의 의미로 해석하며 문장 내에서 주어나 보어, 목적어의 의미를 가진다.

<u>What</u> + <u>is</u> your name?
　　　　너의 이름은 <u>무엇</u>이니?

<u>What</u> + <u>was</u> his phone number?
　　　　그의 전화번호는 <u>무엇</u>이었니?

<u>What</u> + <u>do</u> you study?
너는 <u>무엇을</u> 공부하니?

<u>What</u> + <u>did</u> they see?
그들은 <u>무엇을</u> 보았니?

<u>What</u> + <u>will</u> you do after school?
수업 후에 <u>뭐</u> 할꺼야?

<u>What</u> + <u>can</u> you see in the picture?
그 사진 속에서 <u>무엇을</u> 볼 수 있어?

<u>What</u> + <u>makes</u> you so happy?
<u>왜</u> 그렇게 기분이 좋아?

<u>What</u> + <u>brought</u> you here?
<u>무슨</u> 일로 여기까지 왔어?

<u>What time/color/size/else/kind of 명사 + be동사 + 주어 ?</u>
<u>What time/color/size/else/kind of 명사 + 대동사/조동사 + 주어 +</u>
일반동사 기본형 ?

| 주의 | 'What'은 뒤에 명사를 꾸며주는 역할도 할 수 있으며 자주 쓰이는 명사를 알아두자.

<u>What time</u> + is it?
<u>몇 시</u> 인가요?

What time + do you start work?

몇 시에 일을 시작하세요?

What time + can you make it?

몇 시에 약속 가능하세요?

What color + do you want?

무슨 색을 원해?

What size + do you wear?

무슨 사이즈 입어?

What else + did he say?

그가 또 다른 무엇을 말했어?

What kind of music + do you like?

어떤 종류의 음악을 좋아해?

Which + be동사 + 주어 ?

Which + 대동사/조동사 + 주어 + 일반동사 기본형 ?

| 주의 | 'Which'는 '어느 것'이라는 의미로 선택이나 선호의 의미로 해석하며 문장내에서 주어나 목적어의 의미를 가진다.

Which + is your place?

어느 것이 너희 집이야? (선택)

Which + do you want more?

어느 것을 더 원해? (선호)

Which one/way + be동사 + 주어 ?

Which one/way + 대동사/조동사 + 주어 + 일반동사 기본형 ?

| 주의 | 'Which'는 뒤에 명사를 꾸며주는 역할도 할 수 있으며 자주 쓰이는 명사를 알아두자.

Which one + is your favorite?

어떤 것이 가장 좋아하는 거야? (선호)

Which way + did they go?

그들은 어느 쪽으로 갔어? (선택)

2. 사람에 대한 의문사

Who + be동사 + 주어 ?

Who + 일반동사 ?

Who + 조동사 + 일반동사 ?

| 주의 | 'Who'는 문장에 따라 '누구, 누가'의 의미로 해석되며 문장 내에서 주어나 보어의 의미를 가진다.

Who + is your uncle?

누가 너희 삼촌이시니?

Who + can see?

누구 보이는 사람?

Who + said so?

누가 그렇게 말했어?

Who + came first?

누가 먼저 왔어?

3. 시간에 대한 의문사

When + be동사 + 주어 ?

When + 대동사/조동사 + 주어 + 일반동사 기본형 ?

| 주의 | 'When'은 '언제'의 의미로 해석되며 문장 내에서 부사의 의미를 가진다.

When + is your birthday?

너의 생일이 언제야?

When + was your first love?

너의 첫사랑이 언제였어?

When + do you go to the office?

언제 사무실로 가니?

When + did you see her?

언제 그녀를 보았어?

When + will you visit Korea?

언제 한국 방문할 거야?

When + can you come over here?

언제 이쪽으로 올 수 있어?

4. 장소에 대한 의문사

> Where + be동사 + 주어 ?
> Where + 대동사/조동사 + 주어 + 일반동사 기본형 ?

| 주의 | 'Where'은 '어디에, 어디서'의 의미로 해석되며 문장 내에서 부사의 의미를 가진다.

Where + is your coat?
네 코트 어디에 있어?

Where + was I ?
내가 어디까지 말했지?

Where + does she come from?
그녀가 어디 출신이지?

Where + did you get the book?
그 책 어디서 얻었어?

Where + can I get a taxi?
택시 어디서 타죠?

Where + can I leave my baggage ?
제 짐 어디에 놓죠?

5. 이유에 대한 의문사

Why + be동사 + 주어 ?

Why + 대동사/조동사 + 주어 + 일반동사 기본형 ?

| 주의 | 'Why'는 '왜'의 의미로 해석되며 문장 내에서 부사의 의미를 가진다.

Why + is it so windy?
왜 이렇게 바람이 불지?

Why + are you so angry?
왜 이렇게 화났어?

Why + do you ask me ?
왜 나한테 묻는 거야?

Why + don't you go to the party?
파티 가는 게 어때? (제안의 의미)

Why + will you not answer me?
왜 대답 안 할 건데?

Why + will you not see me?
왜 나 안 볼 건데?

6. 방법에 대한 의문사

> How + be동사 + 주어 ?
> How + 대동사/조동사 + 주어 + 일반동사 기본형 ?

| **주의** | 'How'는 '어떻게'의 의미로 해석되며 문장 내에서 상태나 방법의 의미를 가진다.

How + is it?
요즘 어때? (상태)

How + is it going ?
잘 지내? (상태)

How + do you do?
안녕하세요? (상태)

How + do you spend your spare time?
여가시간을 어떻게 보내? (방법)

How + can I help you?
내가 어떻게 도와주면 될까? (방법)

How + can I know that?
내가 어떻게 알겠어? (방법)

How long/much + be동사 + 주어 ?

How long/much/many people/many times + 대동사 + 주어 + 일반 동사 기본형 ?

| 주의 | 'How long'은 주로 시간이나 길이를 나타내면 '얼마나'로 해석해준다.

How long + is the meeting ?
회의 시간이 얼마나 길어?

How long + is the wait?
얼마나 기다려야 해?

How long + does it take?
얼마나 걸리나요?

How long + did it take from here ?
여기서 얼마나 걸렸나요?

How long + will it take ?
얼마나 걸릴까요?

How long + will it take from here to the airport ?
여기서부터 공항까지 얼마나 걸릴까요?

How much + is it?

얼마인가요?

How much + is this ticket ?

이 표는 얼마인가요?

How much + do I owe you?

얼마 드려야 하죠?

How many people + were there ?

거기 사람들이 몇 명이나 있었나요?

How many times + do you eat out a month?

너는 한 달에 외식을 몇 번이나 해?

다음 괄호 안에 알맞은 단어를 고르시오.

681 (What / Who / When) is your name?

_____

682 (What / Who / When) was his phone number?

_____

683 (What / Which / When) brought you here?

_____

684 (What / Why / When) will you do after school?

_____

685 (When / Why / Which) is your place?

_____

686 (Where / Who / When) came first?

_____

687 (What / When / Where) do you go to the office?

_____

688 (What / When / Where) will you visit Korea?

_____

689 (What / Who / Where) did you get the book?

_____

690 (What / When / Why) don't you go to the party?

_____

다음 괄호 안에 들어갈 알맞은 단어를 쓰시오.

691 What (   ) do you start work?

_____

692 What (   ) do you wear?

_____

693 What (   ) of music do you like?

_____

694 Which (   ) is your favorite?

_____

695 Which (   ) did they go?

_____

696 How (   ) is the wait?

_____

697 How (   ) did it take from here?

_____

698 How (   ) is it?

_____

699 How (   ) do I owe you?

_____

700 How many (   ) do you eat out a month?

_____

다음 괄호 안에 알맞은 단어를 고르시오.

681 (What / Who / When) is your name?

_____

682 (What / Who / When) was his phone number?

_____

683 (What / Which / When) brought you here?

_____

684 (What / Why / When) will you do after school?

_____

685 (When / Why / Which) is your place?

_____

686 (Where / Who / When) came first?

_____

687 (What / When / Where) do you go to the office?

_____

688 (What / When / Where) will you visit Korea?

_____

689 (What / Who / Where) did you get the book?

_____

690 (What / When / Why) don't you go to the party?

_____

다음 괄호 안에 들어갈 알맞은 단어를 쓰시오.

691 What ( ) do you start work?
time

692 What ( ) do you wear?
size

693 What ( ) of music do you like?
kind

694 Which ( ) is your favorite?
one

695 Which ( ) did they go?
way

696 How ( ) is the wait?
long

697 How ( ) did it take from here?
long

698 How ( ) is it?
much

699 How ( ) do I owe you?
much

700 How many ( ) do you eat out a month?
times

36강. [문장 만들기]

동사원형 + 목적어/보어
Let's + 동사원형 + 목적어/보어

● 용어정리 ●

명령문 상대방에게 어떤 행동을 명령하거나 지시하는 문장

청유문 상대방에게 어떤 행동을 제안하거나 권유하는 문장

POINT 1. 명령문은 '~해라'라고 해석하고 청유문은 '~하자'라고 해석한다.
2. 두 문장 모두 말하는 사람 바로 앞에 있는 상대를 대상으로 하며, 문장에서 따로 주어를 나타내지 않는다.
3. 조동사가 들어간 문장은 의미상 명령문과 청유문이 없다.

---

1. 'be동사'의 명령문(긍정/부정)

긍정명령문 : Be + 보어. (~해라./~되라.)
부정명령문 : Don't + be + 보어. (~하지마라./~되지마라.)

| 주의 | 'be'동사의 명령문은 주어 없이 앞에 'Be'로 시작을 하고 부정명령문은 명령문 앞에 'Don't'를 붙인다.

(일반긍정문) You <u>are</u> nice to her.
    너는 항상 그녀에게 친절하다.

(긍정명령문) <u>Be</u> nice to her.
    그녀에게 친절해라.

(부정명령문) <u>Don't</u> <u>be</u> nice to her.
    그녀에게 친절하지 마라.

해당 강의 시청 ▸▸▸

2. 'be동사'의 청유문(긍정/부정)

긍정청유문 : Let's + be + 보어. (~하자./~되자.)
부정청유문 : Let's + not + be + 보어. (~하지 말자./~되지 말자.)

| 주의 | 'be'동사의 청유문은 명령문 앞에 'Let's'를 붙여주고 부정 청유문은 명령문 앞에 'Let's not'을 붙여준다.

(일반긍정문) You <u>are</u> nice to her.
너는 항상 그녀에게 친절하다.

(긍정명령문) <u>Be</u> nice to her.
그녀에게 친절해라.

(부정명령문) <u>Don't</u> <u>be</u> nice to her.
그녀에게 친절하지 마라.

(긍정청유문) <u>Let's</u> <u>be</u> nice to her.
그녀에게 친절하게 하자.

(부정청유문) <u>Let's</u> <u>not</u> <u>be</u> nice to her.
그녀에게 친절하게 하지 말자.

3. '일반동사'의 명령문(긍정/부정)

> 긍정명령문 : 동사 원형 + 보어/목적어. (~해라./~되라.)
> 부정명령문 : Don't + 동사원형 + 보어/목적어. (~하지 마라./~되지 마라.)

| 주의 | 일반동사의 명령문은 주어 없이 앞에 동사 기본형으로 시작을 하고 부정 명령문은 명령문 앞에 'Don't'를 붙인다.

(일반긍정문) You <u>open</u> the window.
　　　　　너는 창문을 연다.

(긍정명령문) <u>Open</u> the window.
　　　　　창문 열어.

(부정명령문) <u>Don't</u> open the window.
　　　　　창문 열지 마라.

(일반긍정문) You lock the door.
　　　　　너는 문을 잠근다.

(긍정명령문) Lock the door.
　　　　　문 잠가.

(부정명령문) <u>Don't</u> lock the door.
　　　　　문 잠그지 마.

4. '일반동사'의 청유문(긍정/부정)

> 긍정청유문 : Let's + 동사원형 + 보어. (~하자./~되자.)
> 부정청유문 : Let's + not + 동사원형 + 보어. (~하지 말자./~되지 말자.)

| 주의 | 'be'동사의 청유문은 명령문 앞에 'Let's'를 붙여주고 부정청유문은 명령문 앞에 'Let's not'을 붙여준다.

(일반긍정문) You <u>open</u> the window.

너는 창문을 연다.

(긍정명령문) <u>Open</u> the window.

창문 열어.

(부정명령문) <u>Don't</u> open the window.

창문 열지 마라.

(긍정청유문) <u>Let's</u> open the window.

창문 좀 열자.

(부정청유문) <u>Let's</u> <u>not</u> open the window.

창문 열지 말자.

다음 각 문장의 명령문을 만드시오.

701 You drink milk in the morning.

_____

702 You write the answer on the board.

_____

703 You read the book in the class.

_____

704 You work in her office.

_____

705 You buy some flowers on Sunday.

_____

706 You are nice to her.

_____

707 You are here.

_____

708 You can talk on the phone with me.

_____

709 You may go to the theater now.

_____

710 You must be careful.

_____

다음 각 문장의 청유문을 만드시오. (Let's ~)

711 You drink milk in the morning.

_____

712 You write the answer on the board.

_____

713 You read the book in the class.

_____

714 You work in her office.

_____

715 You buy some flowers on Sunday.

_____

716 You are nice to her.

_____

717 You are here.

_____

718 You can talk on the phone with me.

_____

719 You may go to the theater now.

_____

720 You must be careful.

_____

다음 각 문장의 명령문을 만드시오.

701 You drink milk in the morning.
Drink milk in the morning.

702 You write the answer on the board.
Write the answer on the board.

703 You read the book in the class.
Read the book in the class.

704 You work in her office.
Work in her office.

705 You buy some flowers on Sunday.
Buy some flowers on Sunday.

706 You are nice to her.
Be nice to her.

707 You are here.
Be here.

708 You can talk on the phone with me.
Talk on the phone with me.

709 You may go to the theater now.
Go to the theater now.

710 You must be careful.
Be careful.

다음 각 문장의 청유문을 만드시오. (Let's ~)

711 You drink milk in the morning.
Let's drink milk in the morning.

712 You write the answer on the board.
Let's write the answer on the board.

713 You read the book in the class.
Let's read the book in the class.

714 You work in her office.
Let's work in her office.

715 You buy some flowers on Sunday.
Let's buy some flowers on Sunday.

716 You are nice to her.
Let's be nice to her.

717 You are here.
Let's be here.

718 You can talk on the phone with me.
Let's talk on the phone (with me).

719 You may go to the theater now.
Let's go to the theater now.

720 You must be careful.
Let's be careful.

37강. [문장 만들기]

There/Here + 동사 + 주어

• 용어정리 •

유도부사 어떤 존재를 표현하기 위하여 문장 맨 앞에 위치하는 부사

POINT 1. 유도부사로는 'there / here'가 있으며 강조하기 위해 맨 앞에 위치하므로 그에 따라 주어, 동사 순서가 바뀐다.

2. 특히 There/Here 다음에 일반동사가 올 경우도 있지만 be동사가 오는 경우가 더 많다.

3. be동사 문장의 경우 Here는 '여기'로 해석하고 There는 해석하지 않는다.

4. 'There / Here' 문장 내 주어가 인칭대명사 일 경우는 'There / Here + 인칭대명사(주어) + be 동사' 순서로 표현한다.

---

1. There /Here + 일반동사

주어 + 일반동사 + there/here.
= There/Here + 일반동사 + 주어

The bus comes here.
버스가 이곳으로 온다.

= <u>Here</u> comes the bus. (강조하기 위해 많이 쓰인다)

Our bus goes there.
우리 버스가 저기 간다.

= <u>There</u> goes our bus.
저기 우리 버스가 간다. (강조하기 위해 많이 쓰인다)

2. There /Here + be동사

주어 + be동사 + there/here.
= There/Here + be동사 + 주어

My passport is here.
내 여권이 여기 있다.

= <u>Here</u> is my passport. (강조하기 위해 많이 쓰인다)

Many children are in the park.
많은 아이들이 공원에 있다.

= <u>In the park</u> are many children. (X)
= <u>There</u> are many children <u>in the park</u>. (O)

* 여기서 'there'은 해석하지 않는다.

3. There /Here + 인칭대명사 + be동사

It is here.
(그것은) 여기 있어요.

= Here is <u>it</u>. (X)
= Here <u>it</u> is. (O)

You are there.
(너) 거기 있구나.

= There are <u>you</u>. (X)
= There <u>you</u> are. (O)

173

4. There + be동사 (부정문/의문문/부정의문문/부가의문문)

> There + be동사(is/was/are/were) + 주어

| 주의 | 긍정문의 'a'는 의문문이나 부정문에서는 의미상 'any'로 바꾸어준다.

(긍정문)   There is a TV in the living room.
거실에 TV가 있다.

(부정문)   There isn't any TV in the living room.
거실에 TV가 없다.

(의문문)   Is there any TV in the living room?
거실에 TV 있어?

(부정의문문) Isn't there any TV in the living room?
거실에 TV 없지?

(부가의문문) There is a TV in the living room, isn't there?
거실에 TV 있지, 그렇지 않아?

5. There + 조동사 + be동사

> There + 조동사 + be동사 + 주어

| 주의 | 'There + 조동사 + be'는 조동사의 특성을 살려 의미만 알아두자.

There will be a penalty.
불이익이 있을 거이다.

→ There is a penalty.
불이익이 있다.

There can be no answer.

대답이 없을 수 있다.

→ There is no answer.

대답이 없다.

There may be many reasons.

많은 이유가 있을지 모른다.

→ There are many reasons.

많은 이유가 있다.

There seems to be a secret.

비밀이 있는 것 같다.(There + 일반동사)

→ There is a secret.

비밀이 있다.

There must be a good reason.

틀림없이 타당한 이유가 있을 것이다.

→ There is a good reason.

타당한 이유가 있다.

There has to be a solution.

하나의 해결책이라도 있어야 한다.

→ There is a solution.

하나의 해결책이 있다.

다음 괄호 중에서 알맞은 단어를 고르시오.

721 There (is / are) an apple on the plate.

_____

722 There (is / are) some bread.

_____

723 There (is / are) many people in the park.

_____

724 There (is / are) seven days in a week.

_____

725 There (is / are) a few teachers in the school.

_____

726 There (is / are) a couple of new workers.

_____

727 There (is / are) a number of reasons.

_____

728 There (is / are) an amount of money.

_____

729 There (is / are) a lot of students in the class.

_____

730 There (is / are) a lot of milk in the glass.

_____

다음 괄호 안에 알맞은 조동사를 넣으시오.

731 불이익이 있을 것이다. (불이익 = penalty)

There (　　) be a penalty.

732 하나의 해결책이라도 있어야 한다.

There (　　) be a solution.

733 틀림없이 타당한 이유가 있을 것이다.

There (　　) be a good reason.

734 많은 이유가 있을지 모른다.

There (　　) be many reasons.

735 대답이 없을 수 있다.

There (　　) be no answer.

736 문제가 있을지 모른다.

There (　　) be some problems.

737 벌금이 있을 것이다. (벌금 = fine)

There (　　) be a fine.

738 어떠한 의심도 있을 수 없다.

There (　　) be no question.

739 틀림없이 무슨 실수가 있다. (실수 = mistake)

There (　　) be some mistake.

740 제한이 있어야 한다. (제한 = limit)

There (　　) be a limit.

다음 괄호 중에서 알맞은 단어를 고르시오.

721 There (is / are) an apple on the plate.

_____

722 There (is / are) some bread.

_____

723 There (is / are) many people in the park.

_____

724 There (is / are) seven days in a week.

_____

725 There (is / are) a few teachers in the school.

_____

726 There (is / are) a couple of new workers.

_____

727 There (is / are) a number of reasons.

_____

728 There (is / are) an amount of money.

_____

729 There (is / are) a lot of students in the class.

_____

730 There (is / are) a lot of milk in the glass.

_____

다음 괄호 안에 알맞은 조동사를 넣으시오.

731 불이익이 있을 것이다. (불이익 = penalty)
There (will) be a penalty.

732 하나의 해결책이라도 있어야 한다.
There (has to) be a solution.

733 틀림없이 타당한 이유가 있을 것이다.
There (must) be a good reason.

734 많은 이유가 있을지 모른다.
There (may) be many reasons.

735 대답이 없을 수 있다.
There (can) be no answer.

736 문제가 있을지 모른다.
There (may) be some problems.

737 벌금이 있을 것이다. (벌금 = fine)
There (will) be a fine.

738 어떠한 의심도 있을 수 없다.
There (can) be no question.

739 틀림없이 무슨 실수가 있다. (실수 = mistake)
There (must) be some mistake.

740 제한이 있어야 한다. (제한 = limit)
There (has to) be a limit.

38강. [문장 만들기]

How + 형용사/부사
What + (부정관사) + 명사

• 용어정리 •

감탄문 감탄하거나 놀라는 문장이며 '와 ~ 구나!, ~인걸!' 등의 의미를 가진다.

형용사 사물의 성질이나 상태를 나타내는 품사로 명사나 대명사를 수식해준다.

POINT 1. 감탄문은 명사를 대상으로 하면 'What + a/an + 명사' 의 형식을 따른다.
2. 감탄문은 형용사를 대상으로 하면 'How + 형용사'의 형식을 따른다.
3. 형용사는 수사, 수량 한정사, 지시형용사, 일반 형용사등을 포함한다.

---

1. What을 이용한 감탄문

What + a/an + 단수명사
What + 복수명사

You are a good boy.
너는 착한 아이다.

= What a good boy (you are)!
매우 착하구나!

You have a huge house.
너는 큰 집을 가지고 있다.

= What a huge house (you have)!
정말 큰 집이구나!

2. How를 이용한 감탄문

How + 형용사 + (부정관사) + 명사

You are a good boy.

너는 착한 아이다.

= <u>How</u> good a boy (you are)!

매우 착하구나!

= <u>How</u> good!

You have a huge house.

너는 큰 집을 가지고 있다.

= <u>How</u> huge a house (you have)!

정말 큰 집이구나!

= <u>How</u> huge!

3. 형용사 기본 정리

* 가장 많이 쓰이는 기본 형용사 : 어떤 품사에서 파생되지 않고 자체가 형용사로 쓰이기 위한 단어

great	대단한	huge	매우 큰
long	긴	short	짧은
right	옳은	wrong	틀린
glad	기쁜	busy	바쁜
own	자신의	same	똑같은
little	거의 ~없는	few	거의 ~없는
good	좋은	nice	친절한
first	첫 번째의	last	마지막의
old	오래된	new	새로운
next	다음의	early	일찍

* 'ar'로 끝나는 형용사

particular	특별한	popular	인기 있는
familiar	익숙한	similar	유사한

* 명사에서 파생되어 온 형용사 : '명사 + y'형 형용사

sleepy	(sleep+y)	졸린
noisy	(noise+y)	시끄러운
easy	(ease+y)	쉬운
sunny	(sun+y)	화창한
rainy	(rain+y)	비가 오는
funny	(fun+y)	재미있는
hungry	(hunger+y)	배고픈
healthy	(health+y)	건강한
angry	(anger+y)	화난
salty	(salt+y)	짠
tasty	(taste+y)	맛있는
skinny	(skin+y)	마른

* 명사에서 파생되어 온 형용사 : '명사 + ful'형 형용사

beautiful	(beauty+ful)	아름다운
wonderful	(wonder+ful)	훌륭한
careful	(care+ful)	조심스러운
powerful	(power+ful)	강력한
helpful	(help+ful)	도움되는
cheerful	(cheer+ful)	쾌활한
painful	(pain+ful)	아픈
thoughtful	(thought+ful)	생각이 깊은
joyful	(joy+ful)	기쁜
skillful	(skill+ful)	숙련된
useful	(use+ful)	유용한
successful	(success+ful)	성공한

* 명사에서 파생되어 온 형용사 : '명사 + ous'형 형용사

dangerous	(danger+ous)	위험한
nervous	(nerve+ous)	긴장한
mysterious	(mystery+ous)	신비한
famous	(fame+ous)	유명한
envious	(envy+ous)	부러워하는
jealous	(jeal+ous)	질투하는
luxurious	(luxury+ous)	사치스러운
ambitious	(ambition+ous)	야심 있는
curious	(cure+ous)	궁금한
humorous	(humor+ous)	유머러스한

* 명사에서 파생되어 온 형용사 : '명사 + less'형 형용사

priceless	(price+less)	값을 매길 수 없는
careless	(care+less)	부주의한
hopeless	(hope+less)	가망 없는

useless	(use+less)	소용없는
endless	(end+less)	무한한
homeless	(home+less)	노숙자의

* 명사에서 파생되어 온 형용사 : '명사 + al'형 형용사

global	(globe+al)	세계적인
universal	(universe+al)	일반적인
professional	(profession+al)	전문적인
original	(origin+al)	원래(본래)의
natural	(nature+al)	자연의
personal	(person+al)	개인의

* 명사에서 파생되어 온 형용사 : '명사 + ish'형 형용사

foolish	(fool+ish)	어리석은
childish	(child+ish)	어린애 같은
selfish	(self+ish)	이기적인

boyish	(boy+ish)	소년 같은
reddish	(red+ish)	발그레한
stylish	(style+ish)	맵시 있는

* 명사에서 파생되어 온 형용사 : '명사 + like'형 형용사

childlike	(child+like)	아이 같은
warlike	(war+like)	호전적인
manlike	(man+like)	남자다운
babylike	(baby+like)	어린애 같은

* 명사에서 파생되어 온 형용사 : '명사 + ly'형 형용사

friendly	(friend+ly)	우호적인
lovely	(love+ly)	사랑스러운
daily	(day+ly)	매일 일어나는
weekly	(week+ly)	매주의

* 명사/동사에서 파생되어 온 형용사 : '명사/동사 + ic'형 형용사

economic	(economy+ic)	경제의
classic	(class+ic)	고전적인
academic	(academy+ic)	학구적인
basic	(base+ic)	기초적인
romantic	(romance+ic)	낭만적인
energetic	(energy+ic)	활동적인

* 명사/동사에서 파생되어 온 형용사 : '명사/동사 + ent/ant'형 형용사

confident	(confidence+ent)	자신감 있는
convenient	(convenience+ent)	편리한
different	(differ+ent)	다른
important	(import+ant)	중요한

* 명사/동사에서 파생되어 온 형용사 : '명사/동사 + ive'형 형용사

effective	(effect+ive)	효과적인
creative	(create+ive)	창조적인
active	(act+ive)	활동적인
expensive	(expense+ive)	비싼

* 명사/동사에서 파생되어 온 형용사 : '명사/동사 + able/ible'형 형용사

reasonable	(reason+able)	타당한
sociable	(society+able)	사교적인
believable	(believe+able)	그럴듯한
horrible	(horror+ible)	끔찍한
valuable	(value+able)	소중한
remarkable	(remark+able)	놀랄 만한

*동사에서 파생되어 온 형용사 : '동사 + ing'

| 주의 | 사물 주어만 올 수 있으며 사물 주어의 상태를 전달하는 역할

interesting	(interest + ing)	재미있게 하는
exciting	(excite + ing)	신나게 하는
confusing	(confuse + ing)	혼란스럽게 하는
pleasing	(please + ing)	기분 좋게 하는
amazing	(amaze + ing)	매우 놀랍게 하는
tiring	(tire + ing)	피곤하게 하는
annoying	(annoy + ing)	짜증스럽게 하는
embarrassing	(embarrass + ing)	난처하게 하는
surprising	(surprise + ing)	깜짝 놀래키는

주어 + be 동사 + ~ing 형용사
사물   사물 주어의 상태

- The book is interesting.

그 책은 재미있다. (주어 책 자체가 재미를 주는 역할)

- The movie is exciting.

그 영화는 신나게 한다. (주어 영화 자체가 신나게 하는 역할)

*동사에서 파생되어 온 형용사 : '동사 + ed'

| **주의** | 사람 주어가 느끼는 감정

interested	(interest + ed)	재미있는
excited	(excite + ed)	흥분되는
confused	(confuse + ed)	혼란스러운
pleased	(please + ed)	기분 좋은
amazed	(amaze + ed)	매우 놀라운
tired	(tire + ed)	피곤한
annoyed	(annoy + ed)	짜증스러운
embarrassed	(embarrass + ed)	난처한
surprised	(surprise + ed)	깜짝 놀란

<u>주어</u> + <u>be 동사</u> + <u>~ed 형용사</u>
　사람　　　　　　　　　　사람 주어가 느끼는 감정

- I am very excited.

내가 매우 신난다. (주어 자체가 느끼는 감정)

- I was surprised.

내가 놀랐다. (주어 자체가 느끼는 감정)

다음 감탄문 중 괄호 안에 알맞은 단어를 고르시오.

741 (What / How) a lovely flower it is!

_____

742 (What / How) great he is!

_____

743 (What / How) interesting it is!

_____

744 (What / How) a good book it is!

_____

745 (What / How) a huge house you have!

_____

746 (What / How) a wonderful idea you have!

_____

747 (What / How) stupid you are!

_____

748 (What / How) a smart boy he is!

_____

749 (What / How) delicious the pizza is!

_____

750 (What / How) expensive it is!

_____

다음 형용사 중 틀린 부분이 있으면 맞게 고치시오.

751 This book is <u>interested</u>.

_____

752 He is <u>exciting</u> with the game.

_____

753 I am <u>surprising</u> at the party.

_____

754 We are <u>tired</u> after work.

_____

755 Your painting is very <u>amazed</u>.

_____

756 They are very <u>pleased</u> with it.

_____

757 I was so <u>embarrassing</u>.

_____

758 This map is very <u>confused</u>.

_____

759 My job is very <u>tired</u>.

_____

760 She is really <u>annoying</u> with them.

_____

다음 감탄문 중 괄호 안에 알맞은 단어를 고르시오.

741 (What / How) a lovely flower it is!

_____

742 (What / How) great he is!

_____

743 (What / How) interesting it is!

_____

744 (What / How) a good book it is!

_____

745 (What / How) a huge house you have!

_____

746 (What / How) a wonderful idea you have!

_____

747 (What / How) stupid you are!

_____

748 (What / How) a smart boy he is!

_____

749 (What / How) delicious the pizza is!

_____

750 (What / How) expensive it is!

_____

다음 형용사 중 틀린 부분이 있으면 맞게 고치시오.

751 This book is <u>interested</u>.
interesting

752 He is <u>exciting</u> with the game.
excited

753 I am <u>surprising</u> at the party.
surprised

754 We are <u>tired</u> after work.
O

755 Your painting is very <u>amazed</u>.
amazing

756 They are very <u>pleased</u> with it.
O

757 I was so <u>embarrassing</u>.
embarrassed

758 This map is very <u>confused</u>.
confusing

759 My job is very <u>tired</u>.
tiring

760 She is really <u>annoying</u> with them.
annoyed

39강. [문장 만들기]

형용사 + ly

• 용어정리 •

부사 문장 내에서 형용사나 동사, 부사를 자세하게 설명해주고 꾸며주는 말.

빈도부사 어떤 일이 자주 일어나는지를 나타내는 부사

POINT 1. 부사는 보통 동사, 형용사, 부사, 문장 자체를 꾸며준다. 경우에 따라서 문장 앞이나 뒤에 올 수도 있다.
2. 빈도부사는 일반동사 앞에, be동사와 조동사 뒤에 위치한다.

---

1. 빈도부사 기본정리

| 주의 | 빈도부사는 문장 내에서 일어나는 빈도에 따라 의미를 나눈다.

빈도부사	일어나는 빈도	의미
always	100%	항상
usually	90%	보통, 대개
frequently	80%	자주
often	70%	흔히
sometimes	50%	가끔
occasionally	30%	때때로
seldom	10%	거의 ~ 않다.
rarely	5%	좀처럼 ~ 하지 않다.
never	0%	한 번도 ~하지 않다.

부사

해당 강의 시청 ▸▸▸

* 일반동사 문장 내에서의 빈도부사 위치.

| **주의** | 빈도부사는 일반동사 앞에 위치한다.

 나는 _____ 아침에 내 방 대청소를 한다.

I <u>always</u> clean up my room in the morning.
항상

I <u>usually</u> clean up my room in the morning.
보통

I <u>frequently</u> clean up my room in the morning.
자주

I <u>often</u> clean up my room in the morning.
흔히

I <u>sometimes</u> clean up my room in the morning.
가끔

I <u>occasionally</u> clean up my room in the morning.
때때로

I <u>seldom</u> clean up my room in the morning.
나는 거의 아침에 내 방 대청소를 하지 않는다.

I <u>rarely</u> clean up my room in the morning.
나는 좀처럼 아침에 내 방 대청소를 하지 않는다.

I <u>never</u> clean up my room in the morning.
나는 한 번도 아침에 내 방 대청소를 하지 않는다.

| 주의 | 빈도부사는 be동사 뒤에 위치한다.

그녀는 아침에 _____ 활기차다.

She is <u>always</u> energetic in the morning.
항상

She is <u>usually</u> energetic in the morning.
보통

She is <u>frequently</u> energetic in the morning.
자주

She is <u>often</u> energetic in the morning.
흔히

She is <u>sometimes</u> energetic in the morning.
가끔

She is <u>occasionally</u> energetic in the morning.
때때로

She is <u>seldom</u> energetic in the morning.
그녀는 아침에 거의 활기차지 않다.

She is <u>rarely</u> energetic in the morning.
그녀는 아침에 좀처럼 활기차지 않다.

She is <u>never</u> energetic in the morning.
그녀는 아침에 한 번도 활기찬 적이 없다.

* 조동사가 있는 문장 내에서의 빈도부사 위치.

| **주의** | 빈도부사는 조동사 뒤에 위치한다.

우리는 ＿＿ 영화 보러 간다.

We can always go to the movies.
항상

We can usually go to the movies.
보통

We can frequently go to the movies.
자주

We can often go to the movies.
혼히

We can sometimes go to the movies.
가끔

We can occasionally go to the movies.
때때로

We can seldom go to the movies.
우리는 거의 영화보러 갈 수가 없다.

We can rarely go to the movies.
우리는 좀처럼 영화보러 갈 수가 없다.

We can never go to the movies.
우리는 아예 영화보러 갈 수가 없다.

2. 부사 기본정리

| **주의** | 부사는 '형용사 + ly'로 만들어주는 것이 가장 일반적이다.

* 형용사에서 파생되어 온 부사 : '형용사 + ly'형 부사

quickly	(quick + ly)	빨리
happily	(happy + ly)	행복하게
quietly	(quiet + ly)	조용히
beautifully	(beautiful + ly)	아름답게

* 회화에서 가장 많이 쓰는 부사 : '형용사 + ly'형 부사

lately	(late + ly)	최근에 (반복)
currently	(current + ly)	지금
recently	(recent + ly)	최근에 (1회성)
actually	(actual + ly)	근데, 사실은
seriously	(serious + ly)	진지하게
honestly	(honest + ly)	솔직히, 진심으로
practically	(practical+ ly)	사실상 ~와 다름없는
exactly	(exact + ly)	딱 정확히
definitely	(definite + ly)	확실히, 분명히

absolutely	(absolute + ly)	전적으로, 무조건
completely	(complete + ly)	완전히/완벽 (공식적)
totally	(total + ly)	완전히 (casual)
obviously	(obvious + ly)	누구나 알다시피
apparently	(apparent + ly)	정황상 보아하니/ 듣자하니 ~하더라.
normally	(normal + ly)	보통은
typically	(typical + ly)	늘 그렇듯이, 뻔하게
luckily	(lucky + ly)	다행스럽게
hopefully	(hopeful + ly)	바라건대, 희망적으로
finally	(final + ly)	마침내, 마지막으로
eventually	(ventual + ly)	결국
basically	(basic + ly)	무엇보다도
literally	(literal + ly)	말그대로
technically	(technical+ ly)	엄밀히 말해서
probably	(probable + ly)	아마도
by any chance		혹시라도

형용사	부사	의미
late	late	늦은 / 늦게
early	early	이른 / 이르게
fast	fast	빠른 / 빠르게
high	high	높은 / 높이
low	low	낮은 / 낮게
straight	straight	곧은 / 곧장
long	long	긴 / 내내

They are always <u>late</u>.

그들은 항상 늦는다. (형용사)

He arrived <u>late</u>.

그는 늦게 도착했다. (부사)

We have an <u>early</u> meeting today.

우리는 오늘 조기 미팅이 있다. (형용사)

I get up <u>early</u> these days.

나는 요즘 일찍 일어난다. (부사)

He is a <u>fast</u> runner.

그는 빠른 주자다. (형용사)

He runs <u>fast</u>.

그는 빨리 달린다. (부사)

You have a <u>high</u> fever.

너는 고열이 있다. (형용사)

The birds fly <u>high</u>.

새들은 높이 난다. (부사)

She has a <u>low</u> voice.

그녀는 저음이다. (형용사)

An airplane flew <u>low</u> over the town.

비행기 한 대가 마을 근처 낮게 난다. (부사)

This is a <u>straight</u> road.

이것은 쭉 뻗은 도로이다. (형용사)

Go <u>straight</u> ahead.

쭉 앞으로 가세요. (부사)

Life is <u>long</u>.

인생은 길다. (형용사)

I studied <u>long</u> last night.

나는 어젯밤 내내 공부했다. (부사)

<해석상 구분 : lately / currently / recently>

1. lately : 반복적으로 진행되는 의미
Many workers do not work in the office lately.
= 많은 직장인들이 최근에는 사무실에서 일을 하지 않는다.

2. currently : 지금까지 진행되어 오는 의미 = now
Currently, I live in Seoul.
= 지금 나는 서울에 살아.

3. recently : 최근에 1회성으로 일어난 의미
I saw her in the street recently.
= 최근에 나는 거리에서 그녀를 봤어.

4. These days : 요즘에는 - 앞으로 계속 진행 되는 의미
These days, many people want to be youtubers.
= 요즘에는 많은 사람들이 유튜버가 되고 싶어 한다.

5. Nowadays : 요즘 - 과거와 달라진
Nowadays, 1000 won doesn't buy much.
= 요즘 천 원으로 살 수 있는 게 많지 않다.

<해석상 구분 : actually / seriously / honestly / practically>

1. actually : 근데, 사실은 – 실제 생각과 다른 차이
   Actually, I had quite fun.
   = 근데 사실은 나 굉장히 즐거웠어.

2. seriously : 진지하게 – 분위기를 진지하게 바꾸는 의미
   I seriously need that information.
   = 나 진지하게 그 정보가 필요해.

3. honestly : 솔직히 – 사실임을 강조하는 의미
   I didn't tell anyone, honestly.
   = 나 솔직하게 아무에게도 말 안 했어.

4. practically : 사실상 ~와 다름없이 – 결론적으로 거의 하게 되었다는 의미
   I practically live here.
   = 나 사실상 여기 사는 거랑 다름없어.

<해석상 구분 : exactly / definitely / absolutely / completely / totally >

1. exactly : 딱 정확히, - 딱 맞는다는 의미, 상대방의 의견에 동의할 때는 '내 말이'라는 의미.
   It happened exactly a year ago.
   = 그 일은 정확히 1년 전에 일어났다.

2. definitely : 확실히 - 강조의 의미
   She will definitely come.
   = 그녀는 확실히 올 거야.

3. absolutely : 무조건 - 비교할 적 없이 절대적이라는 의미. 상대방 의견에 동의할 때는 '무조건 좋아'라는 의미.
   This is absolutely the best food in the world.
   = 이건 무조건 세상에서 최고의 음식이다.

4. completely : 완전히/완벽히 - 비교를 해보거나 상황을 따져 봤을 때 완전하다는 의미
   You are completely right.
   = 네 말이 완전히 맞아. (비전문가나 동료 등의 의견에 동의할 때)

5. totally : 완전히 - 회화에서 일반적으로 casual 하게 쓰이는 의미
   I totally agree with you.
   = 너에게 완전히 동의해.

<해석상 구분 : obviously / apparently >

1. obviously : 누구나 알다시피
Obviously, you are so angry at me.

= 누구나 알다시피 너 나한테 화 많이 나 있잖아.

2. apparently : 정황상 보아하니/듣자하니
Apparently, he is in a hospital now.

= 정황상 듣자하니 그 남자 지금 병원에 있다더라.

<해석상 구분 : normally / typically>

1. normally : 보통은
I normally don't eat breakfast.

= 나는 보통은 아침을 먹지 않아.

2. typically : 늘 그렇듯이
Typically, she left her phone in the bus.

= 늘 그렇듯이 그녀는 자기 핸드폰을 버스에 두고 내렸다.

<**해석상 구분 : luckily / hopefully**>

1. luckily : 다행스럽게 – 이미 지나간 사실의 의미
   Luckily, my name is on the waiting list.
   = 다행스럽게 내 이름이 대기자 명단에 있어.

2. hopefully : 바라건대 – 앞으로 진행될 사건의 의미
   Hopefully, I will be better soon.
   = 앞으로 곧 나아지길 바라.

<**해석상 구분 : finally / eventually**>

1. finally : 마침내 – 시간적으로 오래 지난 후 다다른 결과의 의미
   Finally, we arrived in Mexio.
   = 마침내 우리는 멕시코에 도착했다.

2. eventually : 결국 – 몇 번의 시도나 어려움을 극복하고 다다른 결과의 의미
   Eventually, we won the game.
   = 결국 우리가 그 경기에서 이겼다.

< 해석상 구분 : 기타 >

1. basically : 무엇보다도
   Basically, Koreans are kind.
   = 무엇보다도 한국인들은 친절하다.

2. literally : 말 그대로
   I am literally penniless.
   = 나 말 그대로 무일푼이야.

3. technically : 엄밀히 말해서
   Korea is still technically at war.
   한국은 엄밀히 말하면 아직 전쟁중입니다.

4. probably : 아마도 – 가정적인 의미
   You're probably right.
   = 당신이 아마 맞을 거예요.

5. by any chance : 혹시 – 상대방에게 질문을 할 때
   는 이 표현을 쓰자.
   Do you have a swimming pool, by any chance?
   = 혹시 여기 수영장 있나요?

다음 괄호 안에 알맞은 단어를 고르시오.

761 He stood up (quick / quickly).

_____

762 She lives (happy / happily) in Seoul, now.

_____

763 They sat (quiet / quietly).

_____

764 The girl sang a song (loud / loudly).

_____

765 Drive very (careful / carefully).

_____

766 He arrived (late / lately).

_____

767 He runs (fast / fastly).

_____

768 The bird fly (high / highly).

_____

769 Go (straight / straightly) ahead.

_____

770 An airplane flew (low / lowly) over the town.

_____

다음 괄호 안에 알맞은 부사를 쓰시오.

771 (C_____,) I live in Seoul. (지금)

_____

772 (A_____,) I had quite fun. (근데 사실은)

_____

773 I (p_____) live here. (사실상 ~와 다름없는)

_____

774 It happened (e_____) a year ago. (딱 정확히)

_____

775 I (t_____) agree with you. (완전히)

_____

776 (O_____,) you are so angry at me. (누구나 알다시피)

_____

777 I (n_____) don't eat breakfast. (보통은)

_____

778 (E_____,) we won the game. (결국)

_____

779 (B_____,) Koreans are kind. (무엇보다도)

_____

780 Korea is still (t_____) at war. (엄밀히 말해서)

_____

다음 괄호 안에 알맞은 단어를 고르시오.

761 He stood up (quick / quickly).

___

762 She lives (happy / happily) in Seoul, now.

___

763 They sat (quiet / quietly).

___

764 The girl sang a song (loud / loudly).

___

765 Drive very (careful / carefully).

___

766 He arrived (late / lately).

___

767 He runs (fast / fastly).

___

768 The bird fly (high / highly).

___

769 Go (straight / straightly) ahead.

___

770 An airplane flew (low / lowly) over the town.

___

다음 괄호 안에 알맞은 부사를 쓰시오.

771 (Currently,) I live in Seoul. (지금)

_____

772 (Actually,) I had quite fun. (근데 사실은)

_____

773 I (practically) live here. (사실상 ~와 다름없는)

_____

774 It happened (exactly) a year ago. (딱 정확히)

_____

775 I (totally) agree with you. (완전히)

_____

776 (Obviously,) you are so angry at me. (누구나 알다시피)

_____

777 I (normally) don't eat breakfast. (보통은)

_____

778 (Eventually,) we won the game. (결국)

_____

779 (Basically,) Koreans are kind. (무엇보다도)

_____

780 Korea is still (technically) at war. (엄밀히 말해서)

_____

40강. [문장 만들기]

전치사 + 명사

• 용어정리 •

전치사 명사, 대명사 앞에서 다른 말과의 관계나 위치 등을 나타내어
주는 말

POINT 1. 전치사는 항상 명사나 대명사 앞에 위치한다.
2. 전치사 뒤에 인칭대명사는 목적격으로 표시한다.

1. 시간에 관한 전치사 : in > on > at

| 주의 | in: 연, 월, 계절이나 아침, 점심, 저녁처럼 경계를 나누는 범위 앞에 쓰인다.
on: 특정한 날짜, 요일이나 특정한 날 앞에 쓰인다.
at: 가장 짧은 시간의 개념으로 시간 앞이나 찰나, 순간을 의미하는 시간 앞에 쓰인다.

It happened in 1999.
그 사고는 1999년에 일어났다.

We met in May.
우리는 5월에 만났다.

I'm going to Europe in summer.
나는 여름에 유럽 갈 계획이다.

He reads the newspaper in the morning.
그는 아침에 신문을 읽는다.

My birthday is on April 13th.
내 생일은 4월 13일이다.

전치사

We play tennis <u>on</u> Saturday.

우리는 토요일에 테니스를 친다.

We are going to have a party <u>on</u> Christmas.

우리는 크리스마스에 파티 열 계획이다.

I have a meeting <u>at</u> 2.

나는 2시에 회의가 있어.

Let's meet <u>at</u> noon.

정오에 만나자.

We woke <u>at</u> dawn.

우리는 새벽에 잠이 깼다.

2. 장소에 관한 전치사 : in > on > at

| 주의 | in: 도시 이상의 큰 장소나 특정한 경계가 뚜렷이 나타내는 장소에 쓰인다.
on: 강가나 해변 같은 장소 앞에 쓰이거나 접촉이 맞닿은 위치에 쓰인다.
at: 특정 장소나 사건, 정확한 위치에 쓰인다.

It is popular <u>in</u> Korea.

한국에서 인기 있다.

I live <u>in</u> Seoul.

나는 서울에 산다.

I left my key <u>in</u> the room.

나는 열쇠를 방에 놓고 왔다.

I spent all day <u>on</u> the beach.
나는 해변가에서 하루종일 보냈다.

There are many books <u>on</u> the table.
책상 위에 책들이 많이 있다.

There is a big picture <u>on</u> the wall.
벽 위에 큰 그림이 있다.

I met him <u>at</u> the station.
나는 역에서 그를 만났다.

There were over hundred people <u>at</u> the party.
파티에 백 명 넘는 사람들이 있었다.

He works <u>at</u> home.
그는 집에서 근무한다.

3. 시간에 관한 전치사 : in, until, by, for, during

| 주의 | in: (특정 시간)이 지나면
until: 지속적으로 특정 시간까지
by: 특정 시간까지 맞춰
for: ~동안 (구체적인 숫자)
during: ~하는 중에 (특정한 기간)

I will give up my job <u>in</u> a few weeks.
나는 몇 주 지나면 내 일을 그만둘 것이다.

I stayed at the store <u>until</u> 10 P.M.
나는 밤 10시까지 그 가게에 쭉 머물렀다.

I have to finish my homework <u>by</u> 5 P.M.
나는 오후 5시까지 숙제 끝내야 한다.

I slept <u>for</u> 2 hours last night.

나는 어젯밤에 2시간 동안 잤다.

<u>During</u> the night, it rained heavily.

밤중에 비가 엄청 왔다.

4. 장소에 관한 전치사 : to, across, from, for

| 주의 | to: ~으로
        for: ~를 향해서
        from: ~로부터
        across: ~을 가로질러

He flew <u>to</u> London yesterday.

그는 어제 런던으로 갔다.

I am going to leave <u>for</u> Japan.

저는 일본으로 떠날 예정입니다.

I'm <u>from</u> Korea.

저는 한국 사람입니다.

We went <u>across</u> the street.

우리는 거리를 가로질러 갔다.

5. 수단, 도구에 관한 전치사 : with, by

| 주의 | with: 사물이 오면 '~로', 사람이 오면 '~와 함께'
        by: ~을 이용하여 (주로 교통수단과 함께 쓰인다)

She has to write a letter <u>with</u> a pen.

그녀는 편지를 펜으로 써야 한다.

They go to the office <u>by</u> bus.

그들은 버스로 사무실에 다닌다.

다음 괄호 안에 in, on, at 중에 알맞은 전치사를 넣으시오.

781 It happened (in / on) 1999.

_____

782 I left my key (in / at) the room.

_____

783 He works (at / on) home.

_____

784 We play tennis (on / in) Saturday.

_____

785 I met him (at / in) the station.

_____

786 I have a meeting (at / in) 2.

_____

787 My birthday is (on / in) April 13th.

_____

788 I spent all day (on / at) the beach.

_____

789 I'm going to Europe (in / at) summer.

_____

790 We met (in / on) May.

_____

다음 괄호 안에서 알맞은 전치사를 고르시오.

791 I will give up my job (in / at) a few weeks.

_____

792 I stayed at the store (until / by) 10 P.M.

_____

793 I have to finish my homework (until / by) 5 P.M.

_____

794 I slept (for / during) 2 hours last night.

_____

795 (For / During) the night, it rained heavily.

_____

796 He flew (to / at) London yesterday.

_____

797 We went (across / in) the street.

_____

798 I'm (from / by) Korea.

_____

799 I am going to leave (for / to) Japan.

_____

800 They go to the office (by / with) bus.

_____

다음 괄호 안에 in, on, at 중에 알맞은 전치사를 넣으시오.

781 It happened (in / on) 1999.

_____

782 I left my key (in / at) the room.

_____

783 He works (at / on) home.

_____

784 We play tennis (on / in) Saturday.

_____

785 I met him (at / in) the station.

_____

786 I have a meeting (at / in) 2.

_____

787 My birthday is (on / in) April 13th.

_____

788 I spent all day (on / at) the beach.

_____

789 I'm going to Europe (in / at) summer.

_____

790 We met (in / on) May.

_____

다음 괄호 안에서 알맞은 전치사를 고르시오.

791 I will give up my job (in / at) a few weeks.

792 I stayed at the store (until / by) 10 P.M.

793 I have to finish my homework (until / by) 5 P.M.

794 I slept (for / during) 2 hours last night.

795 (For / During) the night, it rained heavily.

796 He flew (to / at) London yesterday.

797 We went (across / in) the street.

798 I'm (from / by) Korea.

799 I am going to leave (for / to) Japan.

800 They go to the office (by / with) bus.

다음 문장에 맞게 영어로 적으시오.

101 주말이다.

_____

102 1월 1일이다.

_____

103 여름이다.

_____

104 쌀쌀하다.

_____

105 여기서 2킬로미터 떨어져 있다.

_____

106 오후 2시이다.

_____

107 3시 15분이다.

_____

108 3시 30분이다.

_____

109 3시 45분이다.

_____

110 3시 5분전이다.

_____

>> 배운 문법 내용을 확실히 정리합시다. >>

다음 의미에 맞게 영어로 적으시오.

111 한국

_____

112 한국어/한국 사람

_____

113 영어/영국 사람

_____

114 일본

_____

115 일본어/일본 사람

_____

116 제주도

_____

117 서울

_____

118 서울역

_____

119 인천공항

_____

120 크리스마스

_____

다음 문장에 맞게 영어로 적으시오.

101 주말이다.

It is weekend.

102 1월 1일이다.

It is January 1st.

103 여름이다.

It is summer.

104 쌀쌀하다.

It is chilly.

105 여기서 2킬로미터 떨어져 있다.

It is two kilometers from here.

106 오후 2시이다.

It is two p.m.

107 3시 15분이다.

It is three fifteen. / It is quarter past three.

108 3시 30분이다.

It is three thirty. / It is half past three.

109 3시 45분이다.

It is three forty five. / It is quarter to four.

110 3시 5분전이다.

It is five to three.

다음 의미에 맞게 영어로 적으시오.

111 한국

Korea

112 한국어/한국 사람

Korean

113 영어/영국 사람

English

114 일본

Japan

115 일본어/일본 사람

Japanese

116 제주도

Jeju Island

117 서울

Seoul

118 서울역

Seoul Station

119 인천공항

Incheon Airport

120 크리스마스

Christmas

다음 괄호 안에 맞는 단어를 고르시오.

121 경찰이 오고 있다.

The police (is / are) coming.

122 경찰관이 거리에 있다.

The police officer (is / are) in the street.

123 사람들은 행복하다.

People (is / are) happy.

124 어떤 가구들은 매우 고전적이다.

Some furniture (is / are) very classic.

125 내 짐이 없어졌다.

My baggage (is / are) missing.

126 많은 사람들

(many / much) people

127 많은 가구들

(many / much) pieces of furniture

128 많은 짐들

(many / much) baggage

129 많은 짐들

(many / much) pieces of baggage

130 많은 음식들

(many / much) food

다음 괄호 안 명사의 복수형을 써보시오.

131 버스들이 여기서 정차한다.

(Bus) stop here.

132 나는 물 두 잔을 마실 수 있다.

I can drink two (glass) of water.

133 한국은 매우 아름다운 도시들을 가지고 있다.

Korea has very beautiful (city).

134 소년들이 학교 앞에 서 있다.

(Boy) stand in front of the school.

135 그들은 나의 영웅들이다.

They are my (hero).

136 나는 그녀에게 내 사진 몇 장을 보여줄 것이다.

I will show her some of my (photo).

137 피아노는 매우 인기 있는 악기이다.

(Piano) are very popular instrument.

138 나뭇잎들은 가을에 색이 변한다.

(Leaf) change color in autumn.

139 두 남자는 매우 다르다.

Two (man) are very different.

140 내 치아는 찬 음식에 매우 민감하다.

My (tooth) are very sensitive to cold food.

PASSPORT2

다음 괄호 안에 맞는 단어를 고르시오.

121 경찰이 오고 있다.

The police (is / are) coming.

122 경찰관이 거리에 있다.

The police officer (is / are) in the street.

123 사람들은 행복하다.

People (is / are) happy.

124 어떤 가구들은 매우 고전적이다.

Some furniture (is / are) very classic.

125 내 짐이 없어졌다.

My baggage (is / are) missing.

126 많은 사람들

(many / much) people

127 많은 가구들

(many / much) pieces of furniture

128 많은 짐들

(many / much) baggage

129 많은 짐들

(many / much) pieces of baggage

130 많은 음식들

(many / much) food

≫ 배운 문법 내용을 확실히 정리합시다. ≫

다음 괄호 안 명사의 복수형을 써보시오.

131 버스들이 여기서 정차한다.

(Buses) stop here.

132 나는 물 두 잔을 마실 수 있다.

I can drink two (glasses) of water.

133 한국은 매우 아름다운 도시들을 가지고 있다.

Korea has very beautiful (cities).

134 소년들이 학교 앞에 서 있다.

(Boys) stand in front of the school.

135 그들은 나의 영웅들이다.

They are my (heroes).

136 나는 그녀에게 내 사진 몇 장을 보여줄 것이다.

I will show her some of my (photos).

137 피아노는 매우 인기 있는 악기이다.

(Pianos) are very popular instrument.

138 나뭇잎들은 가을에 색이 변한다.

(Leaves) change color in autumn.

139 두 남자는 매우 다르다.

Two (men) are very different.

140 내 치아는 찬 음식에 매우 민감하다.

My (teeth) are very sensitive to cold food.

PASSPORT2

다음 빈칸 안에 알맞은 '부정대명사'를 고르시오.

141 (Everything / Someone / Nothing) needs a sleep.

_____

142 (Nothing / Everything / No one) knows about it.

_____

143 (Anyone / Anything / Something) wants food?

_____

144 (Everything / Nothing / Everybody) eats breakfast in our room.

_____

145 (Anyone / Something / No) is wrong.

_____

146 (Everything / Everyone / Everybody) is a lie.

_____

147 (Anything / Everyone / Nothing) is impossible.

_____

148 (Some / No / No one) is here.

_____

149 (No / No one / Nothing) is easy.

_____

150 (Something / Nothing / Everyone) wants my phone number.

_____

≫ 배운 문법 내용을 확실히 정리합시다. ≫

다음 밑줄 친 단어를 many 혹은 much로 바꾸시오.

151 <u>Lots of</u> students study Chinese in our class.

_____

152 <u>A number of</u> cars are in the street.

_____

153 <u>An amount of</u> sugar is in Coke.

_____

154 I drink <u>a lot of</u> water everyday.

_____

155 <u>Lots of</u> food is in the refrigerator.

_____

156 We have <u>a lot of</u> fun on weekends.

_____

157 <u>An amount of</u> fruit is really good for you.

_____

158 I have <u>a whole bunch of</u> homework.

_____

159 <u>Plenty of</u> members are at the meeting.

_____

160 That program will be <u>a ton of</u> fun.

_____

다음 빈칸 안에 알맞은 '부정대명사'를 고르시오.

141 (Everything / Someone / Nothing) needs a sleep.

142 (Nothing / Everything / No one) knows about it.

143 (Anyone / Anything / Something) wants food?

144 (Everything / Nothing / Everybody) eats breakfast in our room.

145 (Anyone / Something / No) is wrong.

146 (Everything / Everyone / Everybody) is a lie.

147 (Anything / Everyone / Nothing) is impossible.

148 (Some / No / No one) is here.

149 (No / No one / Nothing) is easy.

150 (Something / Nothing / Everyone) wants my phone number.

다음 밑줄 친 단어를 many 혹은 much로 바꾸시오.

151 Lots of students study Chinese in our class.
Many

152 A number of cars are in the street.
Many

153 An amount of sugar is in Coke.
Much

154 I drink a lot of water everyday.
much

155 Lots of food is in the refrigerator.
Much

156 We have a lot of fun on weekends.
much

157 An amount of fruit is really good for you.
Much

158 I have a whole bunch of homework.
much

159 Plenty of members are at the meeting.
Many

160 That program will be a ton of fun.
much

다음 괄호 중 알맞은 동사를 고르시오.

161 The book (was / were) interesting.

_____

162 Few students (was / were) in the classroom.

_____

163 They (move / moved) all the furniture yesterday.

_____

164 A couple of people (was / were) in the entrance hall.

_____

165 I (am / was) a soldier in 2001.

_____

166 He (offers / offered) me a good position last week.

_____

167 We (are / were) friends in our school days.

_____

168 You (were / will be) there 3 hours ago.

_____

169 He (quits / quit) the job last year.

_____

170 They (are / were) very important then.

_____

다음 괄호 중 알맞은 단어를 고르시오.

171 (Is / Do) the book about Korean culture?

_____

172 (Did / Were) your friends at the party?

_____

173 (Do / Are) they study English?

_____

174 (Did / Were) you attend the seminar?

_____

175 (What / Who) was his phone number?

_____

176 (What / When) brought you here?

_____

177 (Who / When) came first?

_____

178 (What / When) do you go to the office?

_____

179 (What / When) will you visit Korea?

_____

180 (When / Why) don't you go to the party?

_____

다음 괄호 중 알맞은 동사를 고르시오.

161 The book (was / were) interesting.

_____

162 Few students (was / were) in the classroom.

_____

163 They (move / moved) all the furniture yesterday.

_____

164 A couple of people (was / were) in the entrance hall.

_____

165 I (am / was) a soldier in 2001.

_____

166 He (offers / offered) me a good position last week.

_____

167 We (are / were) friends in our school days.

_____

168 You (were / will be) there 3 hours ago.

_____

169 He (quits / quit) the job last year.

_____

170 They (are / were) very important then.

_____

≫ 배운 문법 내용을 확실히 정리합시다. ≫

다음 괄호 중 알맞은 단어를 고르시오.

171 (Is / Do) the book about Korean culture?

_____

172 (Did / Were) your friends at the party?

_____

173 (Do / Are) they study English?

_____

174 (Did / Were) you attend the seminar?

_____

175 (What / Who) was his phone number?

_____

176 (What / When) brought you here?

_____

177 (Who / When) came first?

_____

178 (What / When) do you go to the office?

_____

179 (What / When) will you visit Korea?

_____

180 (When / Why) don't you go to the party?

_____

PASSPORT2

다음 괄호 안에 들어갈 알맞은 단어를 고르시오.

181 What (time / size) do you start work?

_____

182 What (else / kind) of music do you like?

_____

183 Which (one / way) did they go?

_____

184 How (long / much) did it take from here?

_____

185 How (many / much) is it?

_____

186 (What / How) a lovely flower it is!

_____

187 (What / How) interesting it is!

_____

188 This book is (interested / interesting).

_____

189 He is (excited / exciting) with the game.

_____

190 I am (surprised / surprising) at the party.

_____

≫ 배운 문법 내용을 확실히 정리합시다. ≫

다음 괄호 안에 들어갈 알맞은 단어를 고르시오.

191 She lives (happy / happily) in Seoul, now.

_____

192 He arrived (late / lately).

_____

193 He runs (fast / fastly).

_____

194 It happened (in / on) 1999.

_____

195 He works (at / on) home.

_____

196 We play tennis (on / in) Saturday.

_____

197 I have a meeting (at / in) 2.

_____

198 I have to finish my homework (until / by) 5 P.M.

_____

199 I slept (for / during) 2 hours last night.

_____

200 They go to the office (by / with) bus.

_____

다음 괄호 안에 들어갈 알맞은 단어를 고르시오.

181 What (time / size) do you start work?

_____

182 What (else / kind) of music do you like?

_____

183 Which (one / way) did they go?

_____

184 How (long / much) did it take from here?

_____

185 How (many / much) is it?

_____

186 (What / How) a lovely flower it is!

_____

187 (What / How) interesting it is!

_____

188 This book is (interested / interesting).

_____

189 He is (excited / exciting) with the game.

_____

190 I am (surprised / surprising) at the party.

_____

≫ 배운 문법 내용을 확실히 정리합시다. ≫

다음 괄호 안에 들어갈 알맞은 단어를 고르시오.

191 She lives (happy / happily) in Seoul, now.

_____

192 He arrived (late / lately).

_____

193 He runs (fast / fastly).

_____

194 It happened (in / on) 1999.

_____

195 He works (at / on) home.

_____

196 We play tennis (on / in) Saturday.

_____

197 I have a meeting (at / in) 2.

_____

198 I have to finish my homework (until / by) 5 P.M.

_____

199 I slept (for / during) 2 hours last night.

_____

200 They go to the office (by / with) bus.

_____

속성 암기 노트

* 기초편에 필요한 일반동사 과거형 총정리

| 주의 | 부사는 '형용사 + ly'로 만들어 주는 것이 가장 일반적이다.

동사 기본형	동사 과거형	의미
answer	answered	대답하다
arrive	arrived	도착하다
ask	asked	묻다, 질문하다
bark	barked	짖다
become	became	~이 되다
believe	believed	믿다
bring	brought	가져오다
buy	bought	사다
call	called	부르다, 전화하다
carry	carried	옮기다, 몸에 지니다
cast	cast	던지다
catch	caught	잡다

change	changed	바꾸다, 변하다
chat	chatted	잡담하다
close	closed	닫다
come	came	오다
cook	cook	요리하다
copy	copied	복사하다
cost	cost	비용이 ~들다
cry	cried	울다
cut	cut	자르다
dance	danced	춤추다
delay	delayed	연기하다
do	did	~를 하다
drink	drank	마시다
drive	drove	운전하다
drop	dropped	내려주다/떨어뜨리다

eat	ate	먹다
enjoy	enjoyed	즐기다
fight	fought	싸우다
feel	felt	느끼다
finish	finished	끝내다, 완성하다
fit	fitted	~에 딱 맞다
fix	fixed	수선하다, 고치다
fly	flied	날다, 비행하다
freeze	froze	얼다, 얼리다
fry	fried	기름에 굽다
get	got	얻다
give	gave	주다
go	went	가다
have	had	가지고 있다
happen	happened	발생하다

hit	hit	때리다
hurt	hurt	다치게 하다
invite	invited	초대하다
keep	kept	유지하다
kiss	kissed	키스하다
know	knew	알다
learn	learned	배우다, 학습하다
leave	left	떠나다, 남겨놓다
lend	lent	빌려주다
let	let	~하게 놔두다
like	liked	좋아하다
live	lived	살다
look	looked	~처럼 보이다
love	loved	사랑하다
make	made	만들다

속성 암기 노트

marry	married	결혼하다
meet	met	만나다
miss	missed	놓치다, 그리워하다
mix	mixed	뒤섞다
move	moved	움직이다, 이동하다
name	named	이름 짓다
need	needed	필요로 하다
offer	offered	제안하다
open	opened	열다
order	ordered	주문하다
pass	passed	통과하다, 지나치다
pay	paid	지불하다, 돈내다
plan	planned	계획하다
play	played	놀다, 연주하다
put	put	장소에 놓다/넣다

quit	quit	그만두다, 삼가다
rain	rained	비 오다
read	read	읽다
reply	replied	대답하다
run	run	달리다
say	said	말하다
see	saw	보다
seem	seemed	~처럼 보이다
sell	sold	팔다
send	sent	보내다
set	set	특정 상태에 있게 하다
show	showed	보여주다
sing	sang	노래부르다
sit	sat	앉다
sleep	slept	잠들다

속성 암기 노트

smell	smelt	냄새나다
snow	snowed	눈 오다
sound	sounded	~처럼 들리다
speak	spoke	말하다
spend	spent	돈이나 시간을 소비하다
stay	stayed	머물다
stop	stopped	멈추다
study	studied	공부하다
take	took	가져가다
talk	talked	이야기하다, 말하다
taste	tasted	맛이 나다
teach	taught	가르치다
tell	told	말하다
thank	thanked	감사하다
think	thought	생각하다

try	tried	시도하다
turn	turned	돌다, 회전하다
visit	visited	방문하다
wait	waited	기다리다
walk	walked	걷다
want	wanted	원하다
wash	washed	닦다
watch	watched	보다, 시청하다
wear	wore	옷을 입다
work	worked	일하다
worry	worried	걱정하다
write	wrote	쓰다

* 기초편에 필요한 형용사 총정리

<부사와 형태가 같은 형용사>

형용사	부사	의미
late	late	늦은 / 늦게
early	early	이른 / 이르게
fast	fast	빠른 / 빠르게
high	high	높은 / 높이
low	low	낮은 / 낮게
straight	straight	곧은 / 곧장
long	long	긴 / 내내
near	near	가까운 / 가까이
hard	hard	단단한 / 열심히
close	close	가까운 / 가까이

<부사로 혼동하기 쉬운 형용사>

friendly	친절한	timely	시기적절한
lovely	사랑스러운	daily	매일의
deadly	치명적인	weekly	매주의
costly	값비싼	monthly	매달의
lonely	외로운	yearly	매년의

<-ar 로 끝나는 형용사>

particular	특별한	regular	규칙적인
popular	인기 있는	linear	직선의
familiar	익숙한	spectacular	장관인
similar	유사한	circular	둥근

속성 암기 노트

<-al 로 끝나는 형용사>

global	세계적인	essential	필수적인
universal	일반적인	principal	주요한
professional	전문적인	critical	비판적인
original	원래(본래)의	individual	개인의
natural	자연의	equal	동등한
personal	개인의	general	일반적인
potential	잠재적인	local	지역의
physical	육체적인	substantial	상당한
official	공식적인	real	진짜의
moral	도덕적인	total	전체의

<-y 로 끝나는 형용사>

sleepy	졸린	scary	겁나는
noisy	시끄러운	smelly	냄새나는
easy	쉬운	handy	편리한
skinny	마른	freaky	기이한
angry	화난	blurry	흐릿한
funny	재미있는	risky	위험한
hungry	배고픈	healthy	건강한
tasty	맛나는	yummy	아주 맛있는
spicy	매운	creamy	크림 같은
crunchy	아삭아삭한	salty	짠
crispy	바삭바삭한	juicy	과즙이 많은
gloomy	우울한	windy	바람 부는
sunny	화창한	foggy	안개 낀
rainy	비오는	cloudy	흐린

속성 암기 노트

<-ful 로 끝나는 형용사>

beautiful	아름다운	awful	끔직한
wonderful	훌륭한	grateful	감사하는
careful	조심스러운	faithful	충실한
powerful	강력한	cheerful	발랄한
helpful	유익한	harmful	해로운
cheerful	쾌활한	peaceful	평화로운
painful	아픈	skillful	숙련된
thoughtful	생각이 깊은	useful	유용한
joyful	기쁜	successful	성공한

<-ous 로 끝나는 형용사>

dangerous	위험한	serious	진지한
nervous	긴장한	precious	귀중한
mysterious	신비로운	conscious	자각하는

famous	유명한	anxious	불안해하는
envious	부러워하는	ridiculous	터무니없는
jealous	질투하는	obvious	분명한
luxurious	사치스러운	generous	너그러운
ambitious	야심 있는	various	다양한
curious	궁금한	humorous	유머러스한
delicious	맛있는	marvelous	놀라운

<-ish 로 끝나는 형용사>

foolish	어리석은	British	영국의
childish	어린애 같은	English	잉글랜드의
selfish	이기적인	Spanish	스페인의
boyish	소년 같은	Jewish	유대인의
stylish	맵시 있는	reddish	붉은 색을 띤

속성 암기 노트

<-like 로 끝나는 형용사>

childlike	아이 같은	babylike	어린애 같은
warlike	호전적인	manlike	남자다운

<-ic 로 끝나는 형용사>

economic	경제의	public	대중의
classic	고전적인	specific	구체적인
academic	학구적인	domestic	국내의
basic	기초적인	characteristic	특유의
romantic	낭만적인	dramatic	극적인
energetic	활동적인	sympathetic	공감하는

<-ent 로 끝나는 형용사>

confident	자신감 있는	present	현재의
convenient	편리한	current	지금의
different	다른	apparent	분명한

permanent	영구적인	independent	독립된
patient	참을성 있는	innocent	무죄의
absent	결석한	ancient	고대의
intelligent	총명한	transparent	투명한
frequent	빈번한	urgent	긴급한
efficient	효율적인	sufficient	충분한
excellent	훌륭한	violent	폭력적인

<-ant 로 끝나는 형용사>

important	중요한	significant	중요한
pleasant	쾌적한	brilliant	재능이 뛰어난
distant	멀리 떨어진	instant	즉각적인
abundant	풍부한	constant	지속적인
elegant	우아한	arrogant	오만한

<-ive 로 끝나는 형용사>

effective	효과적인	creative	창조적인
active	활동적인	expensive	값비싼
positive	긍정적인	relative	상대적인
negative	부정적인	alternative	대체 가능한
native	원주민의	exclusive	독점적인

<-able 로 끝나는 형용사>

available	~할 여유가 있는	reasonable	합리적인
believable	믿을만한	valuable	소중한
remarkable	놀랄만한	comfortable	편안한
capable	~할 수 있는	suitable	적합한
reliable	믿을 만한	desirable	바람직한
notable	주목할 만한	miserable	비참한
sociable	사교적인	stable	안정된

<-ible 로 끝나는 형용사>

horrible	끔찍한	responsible	책임이 있는
sensible	분별있는	possible	가능한
terrible	소름끼치는	visible	눈에 보이는
impossible	불가능한	flexible	유연한
incredible	믿기 어려운	edible	먹을 수 있는
credible	믿을 수 있는	audible	잘 들리는

<-less 로 끝나는 형용사>

priceless	값을 매길 수 없는	harmless	무해한
careless	부주의한	helpless	무력한
hopeless	가망 없는	reckless	무모한
useless	소용없는	countless	무수한
endless	무한한	breathless	숨 차는
homeless	노숙자의	speechless	할 말 없는